开辟新天地

开辟新天地

布朗自传

[美] 莱斯特 · R · 布朗 著
林自新 胡晓梅 李康民 译

世纪出版集团 上海科技教育出版社

布朗全家(左起):卡尔、妈妈、莱斯特、爸爸、玛丽昂。

卡尔(左)和莱斯特,1940年。

布朗家农场的近照。

斯托溪小学毕业照，1947年。最后一排左二是莱斯特，正中央是亨丽埃塔·汤姆林森老师。

布朗一家（左起）：布赖恩、莱斯特、布伦达、雪莉。

莱斯特60岁生日聚会在宇宙俱乐部举办，玛丽昂正在讲小时候的笑话调侃莱斯特，卡尔正等着发言。马隆（Rita Malone）摄。

莱斯特与他的布朗大家族，在史密森尼美国历史博物馆举办“与莱斯特·布朗对话”活动后的招待会上，2009年。左起：达琳·罗森伯格（Darlene Rosenberger，侄女）、鲍勃（妹夫）、玛丽昂（妹妹）、布赖恩、丹斯（Alison Dance）、布里奇特（外孙女）、奥利维娅·罗森伯格（Olivia Rosenberger，外侄孙女）、莱斯特、卡什（外孙，前排）、欣克尔、莉娜（外孙女）、玛丽·卢·布朗（弟妹）、卡尔（弟弟）、布伦达。塔尔曼（Hugh Talman）摄。

农夫布朗在一台拖拉机的拖车里装了600筐西红柿，1958年。

一起住在罗格斯大学农学院校园的“塔楼”里的伙伴们，1953年。

在希腊客轮“弗雷德丽卡女王号”上，正准备从纽约出发前往孟买，1956年。

莱斯特和当地摔跤冠军蒙戈尔（右）正准备进行摔跤比赛，1956年于印度。

莱斯特的“姐妹们”正在教他马拉地语中的数字。

农业部长奥维尔·弗里曼(右)和莱斯特在白宫参加一个关于印度粮食危机的周日晚间会议,1966年初。

林登·约翰逊总统(右)在总统办公室祝贺莱斯特荣获美国联邦服务十大杰出青年奖,1965年。

在海外发展委员会工作期间，莱斯特出版了论全球化的开创性著作《世界无疆界》(1972年)。

在美国全国广播公司访谈节目“与媒体见面”的一次关于全球粮食状况的一小时特别节目上，1974年。前排左起：主持人斯皮瓦克(Laurence Spivak，站立者)、农业部长巴茨、AID项目执行主席汉纳(John Hannah)。后排左起：塔夫茨大学的迈耶(Jean Mayer)、洛克菲勒基金会的沃特曼(Sterling Wortman)和莱斯特。照片由雷尼新闻图片社提供。

莱斯特在法国总统密特朗发起的“关于地球的讨论会”上发言，1989年6月12日于巴黎。

在里约热内卢召开的世界观察研究所记者座谈会上，1992年6月于地球峰会期间。左起：波斯特尔、格拉维尔(世界观察研究所/诺顿出版社)、挪威首相布伦特兰、莱斯特。照片由马克·爱德华兹/斯蒂尔图片社提供。

莱斯特的著作成为罗格斯大学库克农学院马丁楼的一种永久展品，这是在揭幕仪式上，2005年。站在莱斯特旁边的是负责科学研究和研究生教育的常务副院长库珀(Keith Cooper)。欣克尔摄。

在与亲友共聚庆祝70岁生日的晚宴前，莱斯特与格雷夫利(左)在地球政策研究所办公室，2004年。

在宾夕法尼亚州威斯敏斯特学院的学位授予典礼上演讲，2001年。莱斯特被该校授予一个荣誉学位，这是他迄今所拥有的25个荣誉学位之一。

在斯德哥尔摩接受笹川环境奖，1989年6月5日。左起：联合国环境规划署总干事图勒巴（Mostalfa Tolba）、莱斯特、哥伦比亚前总统及笹川环境奖评选委员会主席博雷罗（Pastrano Borrero）。

菲利普（Philip）亲王（右）向莱斯特颁发世界自然基金会金奖，1989年。

世界观察研究所人员合影，1994年。

莱斯特与早期发行的《世界状况》,1988年。戈特利布(Steve Gottlieb)摄。

在欧洲议会上发言,1991年于布鲁塞尔。

莱斯特与老朋友、罗马尼亚总统伊利埃斯库(左),1996年。

莱斯特在瑞士达沃斯举行的世界经济论坛上接受土耳其电视台采访,2006年。欣克尔摄。

莱斯特向印度总理辛格(Manmohan Singh)赠送印度语版《B模式3.0》,2008年。巴尔特库尔(Ranjit Barthakur)和梅农(Samir Menon)摄。

书到了！莱斯特、多恩和拉森正在将车上成包的《B模式3.0》搬下来。

地球政策研究所人员合影，2012年。后排左起：米莉森特·约翰逊、亚当斯、罗尼、莱斯特。前排左起：丽雅·贾尼斯·考夫曼、辛普森、拉森。

帕赫特(Marc Pachter,左)在“发明的肖像——与莱斯特·布朗对话”活动中探讨莱斯特的人生,2009年6月18日于史密森尼美国历史博物馆。塔尔曼摄。

特德·特纳、劳拉·特纳·赛德尔(Laura Turner Seydel)、莱斯特、拉瑟福德·赛德尔(Rutherford Seydel)和欣克尔在特德·特纳的70岁生日聚会上,2008年于亚特兰大。照片由特纳公司提供。

莱斯特和布赖恩(右)在阿拉斯加州迪纳利国家公园徒步旅行,2011年。

莱斯特和丽雅·贾尼斯一起准备参加樱花节10英里赛跑,2005年4月。

布伦达及其家人,2011年。后排左起:莉娜、克里斯、布伦达。前排左起:小狗卡森、布里奇特、卡什。哈蒙(Amii Harmon)摄。

莱斯特在樱花节10英里全国锦标赛上跨过终点线，2008年4月于美国首都华盛顿。2009年，莱斯特在75—79岁年龄组中名列第三。照片由马拉松图片社提供。

出版说明

自中西文明发生碰撞以来，百余年的中国现代文化建设即无可避免地担负起双重使命。梳理和探究西方文明的根源及脉络，已成为我们理解并提升自身要义的借镜，整理和传承中国文明的传统，更是我们实现并弘扬自身价值的根本。此二者的交汇，乃是塑造现代中国之精神品格的必由进路。世纪出版集团倾力编辑世纪人文系列丛书之宗旨亦在于此。

世纪人文系列丛书包涵“世纪文库”、“世纪前沿”、“袖珍经典”、“大学经典”及“开放人文”五个界面，各成系列，相得益彰。

“厘清西方思想脉络，更新中国学术传统”，为“世纪文库”之编辑指针。文库分为中西两大书系。中学书系由清末民初开始，全面整理中国近现代以来的学术著作，以期为今人反思现代中国的社会和精神处境铺建思考的进阶；西学书系旨在从西方文明的整体进程出发，系统译介自古希腊罗马以降的经典文献，借此展现西方思想传统的生发流变过程，从而为我们返回现代中国之核心问题奠定坚实的文本基础。与之呼应，“世纪前沿”着重关注二战以来全球范围内学术思想的重要论题与最新进展，展示各学科领域的新近成果和当代文化思潮演化的各种向度。“袖珍经典”则以相对简约的形式，收录名家大师们在体裁和风格上独具特色的经典作品，阐幽发微，意趣兼得。

遵循现代人文教育和公民教育的理念，秉承“通达民情，化育人心”的中国传统教育精神，“大学经典”依据中西文明传统的知识谱系及其价值内涵，将人类历史上具有人文内涵的经典作品编辑成为大学教育的基础读本，应时代所需，顺时势所趋，为塑造现代中国人的人文素养、公民意识和国家精神倾力尽心。“开放人文”旨在提供全景式的人文阅读平台，从文学、历史、艺术、科学等多个面向调动读者的阅读愉悦，寓学于乐，寓乐于心，为广大读者陶冶心性，培植情操。

“大学之道，在明明德，在新民，在止于至善”（《大学》）。温古知今，止于至善，是人类得以理解生命价值的人文情怀，亦是文明得以传承和发展的精神契机。欲实现中华民族的伟大复兴，必先培育中华民族的文化精神；由此，我们深知现代中国出版人的职责所在，以我之不懈努力，做一代又一代中国人的文化脊梁。

上海世纪出版集团

世纪人文系列丛书编辑委员会

2005年1月

开辟新天地

献　　给

我的弟弟卡尔和妹妹玛丽昂

我的儿子布赖恩和女儿布伦达

我的外孙女布里奇特、莉娜和外孙卡什

目录

开辟新天地——布朗自传

对本书的评价

这是当代最伟大的环境学者之一的历史箴言。

——爱德华·O·威尔逊(Edward O. Wilson),

哈佛大学荣誉研究教授

作为莱斯特·布朗以往工作成就的推崇者，我急切盼望着能够阅读到他的个人传记——这本书没有让我失望。《开辟新天地》的令人着迷之处在于，它不仅深刻描绘了莱斯特·布朗是怎样的一位环境运动领袖和大思想家，而且也述说了他是怎样的一个人。莱斯特像过去那样，一直在用他的非凡思想和远见卓识激励着我们。在这部传记中，他也无惧于向我们展示他的内心。

——特德·特纳(Ted Turner)

莱斯特·布朗是一名伟大的生态斗士，不断把有关世界状况的最新消息传递给世人，不断寻求着可持续发展的方案和道路。《开辟新天地》讲述了一个人能够实现什么的人生励志故事。每个有抱负的积极行动者都将从莱斯特·布朗的人生故事中受益良多。

——戴维·苏祖基(David Suzuki),

加拿大广播公司科学电视节目《事物的本质》

(*Nature of Things*)主播，《遗赠》(*The Legacy*)作者

这是真正的美国英雄的生命故事……作为一名科学家和一名公共知识分子致力于可持续发展研究的莱斯特·布朗是独树一帜的。

——戴维·W·奥尔(David W. Orr)，
欧柏林大学保罗·西尔斯特聘教授

如果你思考过“我只是一个人，一个人可以做些什么？”这样的问题，那么，来认识一下莱斯特·布朗。迄今为止，莱斯特的工作还在放眼更广阔的世界，但是，他的这本书让我们看到，一个人如何可以做这么多可能的和积极的事情。如果你在寻找一条仅凭一个人的力量就可推动一场变革的道路，那么，莱斯特·布朗的故事就是一张通往入口匝道的“路线图”。

——卡尔·萨菲纳(Carl Safina)，
《懒惰的视点之观》(*The View from Lazy Point*)作者

这位最具激励性的、杰出的环境思想领袖终于讲出了关于自己的故事。每一个关心我们从何而来并将如何奔向可持续的未来的人都必须阅读此书。

——托马斯·E·洛夫乔伊(Thomas E. Lovejoy)，
美国乔治梅森大学环境科学与政策教授

开辟新天地——布朗自传

内容提要

本书是美国杰出的环境研究思想领袖莱斯特 · R · 布朗的唯一自传。作者按其生平和经历，首先回忆了他在农场度过的童年。他讲述了青年时代种植西红柿以及求学和工作的经历，在此期间，他参加国际农场青年交流项目，在印度乡村生活了半年，这是一次意义非凡的、影响其人生轨迹的远行。他讲述了自己从印度回国后，在美国农业部外国农业局申请到一个从事国际农业问题研究的职位，其后在美国农业部任职 10 年的工作和生活经历。他回忆了在近半个世纪的时间里，如何从事有关全球环境问题的研究和写作，如何创办世界观察研究所和地球政策研究所，如何构建“B 模式”并不断努力向世界推广，以期实现“动员起来拯救文明”的目标。全书写得坦诚率真且语言平易，生动描述了布朗努力在跨学科的分析框架内实现多学科的融合，思考及预测未来，开辟新天地的一生追求。

作者简介

莱斯特·R·布朗(Lester R. Brown),被《华盛顿邮报》(*Washington Post*)誉为“世界上最具影响力的思想家之一”,他对全球环境问题的认识完全令人耳目一新。布朗的童年是在自己家的小农场里度过的。他很早便显示出创业才干,不仅在校学业成绩优异,还和弟弟一起种植西红柿,到1958年,他们共生产西红柿68万千克。

后来,布朗在美国农业部工作时,注意到了系统思维的必要性。1963年,他完成了首份对20世纪末全球粮食供需情况的预测研究报告。1965年,他在印度执行一项短期任务时,汇总各方面得来的线索后警觉到印度即将爆发一场大饥荒。他向美国和印度政府紧急告警,发起了历史上最大的粮食援助行动,帮助挽救了数百万人的生命。该事件迫使印度政府采纳了在布朗的帮助下制定的新的农业策略。

布朗后来为政府提供国际事务咨询,创办了世界观察研究所和地球政策研究所这两个重要的非营利性环境研究机构。他既聪明睿智,又善于表达自己的思想。通过自己的众多著作,布朗强调了人口过剩、气候变化、水资源短缺及其对粮食安全的影响等问题之间的相互关联。他于1995年出版的《谁将供应中国粮食?》(*Who Will Feed China?*)

一书，引发了中国农业政策的一场巨大变革。布朗常常就从未有人注意过的问题提出务实而可行的解决方案，以阻止业已显现的、威胁我们未来的生态危机的发生。

布朗获得过许多荣誉和奖励，包括美国麦克阿瑟天才学术奖、联合国环境奖，以及25个荣誉学位。

开辟新天地——布朗自传

前　　言

写自传意味着要回答很多问题。我是谁？我做过什么？什么人以及什么情况塑造了现在的我？我是如何走到今天的？我为什么要写这本书？

从最末一个问题说起吧！写自传的想法是诺顿出版社已故的阿什纳(Iva Ashner)约20年前最先提议的。最近，诺顿的彻丽(Amy Cherry)再次提议。我对这些提议是有些怀疑的。我一点儿都看不出来，将我自己的生活描述出来，世界会变得更美好。

随后，在2010年秋天的一次晚宴上，我结识多年的朋友、专栏作家盖耶(Georgie Anne Geyer)提及此事。“你应该写一本自传，”她说，“这不仅有助于人们更好地理解你的所思所想，更能让人们明了你为什么会这么想。”那次晚宴上的讨论是个转折点。当我2011年12月在董事会年会上提出该议题时，大家都由衷地支持这个想法，写自传的事就这样定了下来。

写自传是一种自我心理分析磨练。这是件很棘手的事情，因为我们对过去的重构主要依赖记忆。但正如《纽约时报》（*The New York Times*）的莱利维尔德(Joseph Lelyveld)在经历了自传写作后指出的，“我们一直在重塑记忆，并不断编辑这些记忆以求自我心理慰藉。”

而我们就是这样做的。在浏览这本书的终稿时，我意识到这本书对成功的描述是一个特别的例外。究竟是因为它是一种心理安慰，还是因为我的生活确实大部分是一连串的成功？莱利维尔德可能会说，这本书反映的是我心灵上的一种安慰。他可能是正确的。

然而我一直试图捕捉从美国经济大萧条中期开始，恰好又是人类历史上发生空前未有的变化的一段时期的生活的精髓。这段生活还将我带到地球遥远的角落，让我在那里见识了世界上鲜为人知的事情。这段生活使我既能在位于地球遥远的另一端的村庄里生活，也能与国家元首一起共进晚餐。撰写本书的目的在于同大家一起分享这些经历。

开辟新天地——布朗自传

第一章

突　　破

1963年12月下旬的一个寒冷的夜晚，我赶到怀俄明州首府夏延的火车站，乘车回华盛顿特区的家。妻子雪莉(Shirley)、岳父母以及3岁的儿子布赖恩(Brian)都和我在一起。在妻子家的牧场度过一周的圣诞节后，我们决定让雪莉和儿子再同老人们多待一周。

我们进站后首先看到的是1月6日那期《美国新闻与世界报道》(*U.S. News & World Report*)。这期杂志的封面标题是："为什么饥饿是世界头号问题"。雪莉和我都惊呆了。4页的专题文章对《人类、土地和粮食——未来世界粮食需求展望》(*Man, Land and Food: Looking Ahead at World Food Needs*)的主要研究成果进行了介绍，那是我在美国农业部(USDA)担任初级分析师时撰写的一份研究报告。雪莉的父母不太清楚是什么使我们会有这样的反应。

这项研究包括对20世纪末世界粮食、人口和耕地的第一次全面预测。《美国新闻与世界报道》称，“这是首次将对世界粮食供应的认真研究与全球人口不断扩张的事实进行比较。结论是：在世界上大多数地区饥饿即将开始蔓延。”该杂志引述这份研究报告指出，人口的日益增长对未来的粮食安全构成了威胁：“人们尚未开始评估其长期影响。”

当火车向东奔驰，跨越内布拉斯加州然后是艾奥瓦州时，我试着设想这份研究报告的影响。这确实是一种突破。除此之外，我无法充分认识到它对29岁的我究竟会产生多大的影响，或者能在世界上发挥什么作用。不过，显而易见的是，在美国农业部外国农业局(FAS)，我的上司再也不会把我当成32名“初级专业人员”中的一员了。

在《人类、土地和粮食》一文中，我说，在未来15年内，印度人口预计将增加1.87亿人。在此期间，印度将不得不找到一种能养活相当于美国人口数量的新增人口的方法。我的结论是，“‘出生和死亡’之间旧的平衡已被打破，但新的平衡尚未建立。目前的不平衡肯定不能无限期地持续下去。无论如何，人类必须在新的平衡建立之前，找到与人口增长相匹配的使粮食供应加速增长的方法。”

这项研究突出了苏维埃农庄这个迫使苏联总理赫鲁晓夫(Nikita Khrushchev)把资金从武器转向黄油的问题。中央计划和管理的农庄部门受效率低下的困扰。在20世纪30年代，北美谷物出口量落后于拉丁美洲的出口量，几乎与苏联的谷物出口量相当。但在“二战”期间和“二战”结束后，美国农业开始发挥自己的优势。到1960年，美国和加拿大共出口谷物3900万吨，已经开始主宰世界谷物贸易。我预测到20世纪末，美、加两国谷物的出口总量将达到9400万吨，使北美成为世界的粮仓。(在2000年，美国和加拿大的谷物出口总量为1亿吨。)我的研究利用了1958年联合国的人口预测，首次预测了20世纪末国家和全世界的人口增长，从而提供了对未来的展望，还没人作过这样的预测。

开辟新天地——布朗自传

《人类、土地和粮食》的原稿对政府机构如何能获得成功提出了一些看法。我1959年6月1日加入外国农业局亚洲分部后，被分配到所谓的“饭碗”国家，负责跟踪缅甸、泰国、柬埔寨、老挝和越南的农业发展情况。我最初撰写的一篇报道只有4页纸，是有关缅甸水稻形势的农业通告。

我的上司认识到我的兴趣和知识不止这几个国家，便给我增添了研究和写作任务。我接下来撰写了30页的专题论文《日本的农业经济》(The Japanese Agricultural Economy)，对日本作为美国农产品市场的潜力进行了评估。不久，我被提升为区域经济学家，并写下一篇雄心勃勃的专论《远东农业的经济分析》(An Economic Analysis of Far Eastern Agriculture)。

那两年里，我是很循规蹈矩的，尽管最初我很难适应官僚体制。我来自自己的农场，在那里我是自己的主人，可以将所有的时间几乎都花在农田里。现在，我被关在办公室里，处理那些以前不懂的官僚机构事务。

我完全适应了吗？大概没有。我总是用不起眼的方式来挑战社会体制。肯尼迪(Kennedy)总统上任后几个月，出现了一个机会。从艾森豪威尔政府过渡到肯尼迪政府，我们部门被升级了，从外国农业局转到新创建的经济研究局(ERS)。在这次机构调整中，无论是分部长官还是分部助理长官，在公务员级别上都升了一级。在那之前，只有我们分部长官的办公室有资格铺地毯。但升级后，分部助理长官也有资格了。他们可以在自己的办公室以及秘书们的公共办公区都铺上地毯。铺新地毯的时候，我们分部长官办公室里原有的那些还几乎是新的地毯都被掀开、卷起后堆放在大厅里。

我感到机会来了，便跟自己同办公室的两个也都是初级专业人员的同事说：“等开饭时我们何不把那块地毯拿来铺在我们的办公室呢？我们可以解释说，我们觉得要是丢了它挺可惜的。”两个同事中，霍尔(Bill Hall)不想干，他去图书馆工作了。勒纳(Stuart Lerner)

则十分赞同我的主意。所以，当工人去吃午饭时，我俩就把地毯拖到我们办公室，将三张桌子、几个文件柜挪开后把地毯安置妥当，固定牢固。

那天傍晚工人们准备离开，他们盘点库存的时候，发现少了一块地毯。有人向他们通风报信，于是他们找到我们办公室，平静地向我们解释，地毯不会被丢弃，但需要放回到中央库房去。显然，有一种积点制。你必须是一名资深官员才能有地毯，我们甚至还没有在他们的资格表上注册登记。“嗯，”我们说，“我们现在正忙着工作，在赶最后期限，不能被打断。”我们知道跟他们不会耗太长时间，因为斯图尔特和我总有一人可以每天从早7点到晚7点在办公室的地毯上坐着，而工人们是要去大楼干活的。几个星期后，他们放弃了。现在，我们成了重要人物！

虽然我的法定职责是在亚洲分部，但从到美国农业部的第一天起，我自己的目标就是去了解世界农业。我想在部里成为这方面的权威。

1961—1962年，在美国农业部工作两年后，我请了9个月的学术休假，进入利陶尔公共管理学院，即现在的哈佛大学肯尼迪政府学院，攻读公共管理硕士学位。主要是强化学习经济学方面的课程。到目前为止，我最喜欢的课程是经济发展这门研究生研讨课程。我的学期论文题目是“泰国的农业多样化与经济发展”（Agricultural Diversification and Economic Development in Thailand）。也许比课程学习更为重要的是，在利陶尔大楼的咖啡厅和哈克尼斯公共餐厅这些研究生聚会和用餐的地方，我与其他同学的交谈和结交。

1962年5月底，我刚回到外国农业局，我们与时俱进的室主任昆廷·韦斯特（Quentin West）便把我找去讨论他对一个新项目的想法。他说，我们需要若干亚洲农业的长期供需预测图，他想要我来做。我承认这会是有用的，但是我认为要孤立地预测一个地区的进出口趋势是不太可能的。如果你不知道世界其他地区的情况，你就无法搞清楚

开辟新天地——布朗自传

一种特定的商品是否会流进或流出该地区。我们就此事反反复复磋商了好一会儿才结束了这次谈话。

约一星期后，昆廷又找我去，试图说明我们自己可以进行区域预测。我回答说，这种做法是行不通的。几天后，我又被叫去。这一次他换题目了："你能不能做一个世界农产品供求预测？"我毫不迟疑地说："可以。"拥有康奈尔大学经济学博士头衔的昆廷问我，能不能在 6 个月内做好，即 1962 年底。我还是回答可以。

我夜以继日地工作，我们的高级统计员艾伦（Edith Allen）负责收集和组织数据，给予我极大的支持。在这个过程初期，我设计了一个世界谷物模型，把世界分为 7 个地理区域作为研究框架。为了节省时间，我经常在办公室过夜，工作到凌晨一两点钟，然后睡到 6 点，由于我的办公室睡得不舒服，我会下楼睡到大厅管理员纳特·科夫斯基（Nate Koffsky）办公室的真皮沙发上——他并不知情。我极为担心的是，哪天我睡过了头，他会发现我。虽然纳特是朋友，还是一个脾气非常好的家伙，但我可不愿意被发现睡在他的沙发上。幸运的是，我担心的事从来没有发生过。

到 12 月下旬，我向昆廷呈上了一份手稿。他审阅后提了一些小建议。我进行了修改，并在几天之内把所有材料整理好，准备交稿。昆廷最后又看了一遍，然后将手稿交给我们处长威廉·安德森（Wilhelm Anderson），由他提交出版。那次出版可真困难。

威廉是我一直很尊敬和爱戴的人，他简直目瞪口呆——此外没有什么词可以形容。威廉把昆廷叫到自己办公室对他说，不同意出版我的手稿。"假如我把它发出去，我们处的每个室主任都会指责我。我将掀起一场风暴。你们做的这份报告覆盖了他们的研究地区，却没有征求过他们的意见，他们甚至毫不知情。"

那时我觉得唯一的出路是找一个商业性的出版商。但就在我要这么做之前，威廉在他的办公室再次召见昆廷，他说："我要去度几个星期的假，我将委任你为代理处长。如果那时你想批准这份研究报告并提交发布，那是你的问题。”

昆廷真是太高兴了。他上任的第一天就把报告发了出去，但这份报告并没有直接提交给政府印刷局。那些处级以上的官员认为该报告需要特别批准，因为它涉及面广，而且讨论的人口问题是当时政府部门无人问津的问题，此外，它是由一位名不见经传的初级职员撰写的。

虽然这份报告只用了6个月的时间研究和撰写，却花了约9个月才获准出版。它最终由当时的员工经济学研究组组长约翰·施尼特克尔(John Schnittker)批准出版。几年前，约翰本人才刚告诉我这关键的最后一步的实情：他作了一个有意识的决定，在发布前不把报告提交给部长。

一旦报告获准印行，我便不愿意仅仅依靠信息办公室公布研究结果这个渠道，我决定自己做进一步的推广工作。由于《美国新闻与世界报道》比其他新闻周刊杂志更倾向于使用图形和数字，我急忙给杂志创始人兼编辑劳伦斯(David Lawrence)打电话，但是我没有找到他，电话被转到农业记者约翰·霍华德(John Howard)那里。

我描述了这份研究报告，并表示愿意将报告内容提供给他。约翰很感兴趣，他到我办公室来，我取出订在三孔活页夹里的满是图表和表格的7份副本中的一份。我们逐条研究报告，在对报告进行了相当详细的交谈后，他说：“我想回去和我的编辑讨论一下。”几星期后，约翰和他的编辑索尔兹伯里(Grant Salisbury)来我办公室讨论这份研究报告。那是1963年10月。他们表示他们打算用它做点什么。

他们开始写一篇文章，并计划在11月下旬发表。然后便发生了肯尼迪总统不幸遇刺的悲剧。那期原本计划介绍《人类、土地和粮食》的杂志当然被搁置，换成了另一期，阐述的是肯尼迪总统令人心碎的突然离去所带来的问题。接下来的几期杂志也都未提及我的研究。我以为它永远也不会发表了。因此，我在火车站见到1964年1月6日那期杂志时十分惊讶。这项研究重塑了我们过去认为的将来，同时它也推动了我的职业生涯。

《人类、土地和粮食》招来一大批信件，包括我的论文导师、美国马里兰大学的克利福德 · C · 泰勒(Clifford C. Taylor)的一封高度赞扬的信。我最珍视的是华莱士(Henry A. Wallace)的来信，他是罗斯福(Franklin Roosevelt)总统任期内的农业部长和副总统。他对我的研究表示祝贺，并讨论了扩大农业生产中的技术的未来，接着还描述了他在纽约州自己家的农场(Farvue)正在进行的草莓育种项目。华莱士退休后回家继续搞植物育种，早在 20 世纪 20 年代，他就开始玉米育种，并创建了先锋良种公司，从事美国的商业性玉米杂交活动。

我从怀俄明州回来后，便应邀去见农业部长奥维尔 · 弗里曼(Orville Freeman)，他对我的报告很感兴趣，也非常高兴本部门进行的这项研究受到了很大关注。但他也感到困惑：这项研究自己一点儿都不知道，因为它从未在工作计划中出现过，也从未做过该项目的预算。就官僚体制而言，它是不存在的。

总之，弗里曼似乎对单独承担这样一项要求苛刻的分析的人产生了强烈的好奇心。我们一拍即合，他很快便给我提供了一个他手下的新职位。

这方面的经历会把我引向何处，那时还不太清楚，但有一件事是肯定的：我发现自己在思考及预测未来方面具有开辟新天地的能力。我还在跨学科的分析框架内实现了农学、经济学、人口学的融合。这种系统的方法、鲜明的个人风格，在我写的每本书或每篇文章里都有所体现。它也塑造了我后来创立的两个研究所各自的形象。

第二章

早年生活：大萧条和第二次世界大战

1934年3月28日，我出生在新泽西州布里奇顿以西约15千米处一间给雇农住的小房子里。父亲是一个农场工人，母亲是一个家庭佣人。18年前，奶奶布朗(Brown)因患胃癌在32岁时早早地亡故后，父亲卡尔文(Calvin)——当时只有12岁，是4个孩子中的老大——小学五年级便辍学离家，住在别人的农场里当雇农。他每周将自己微薄的收入寄回家，帮我的爷爷老布朗养活另外3个年幼的孩子。

爸爸成年后有1.8米高，很英俊，外表像个英国人，他沉静的性格似乎源自他母亲苏格兰血统的贵格会教徒气质。

爷爷布朗是一个季节性农场工人。他和奶奶及孩子们(只要他们到了能干活的年龄)在农场干活，春天采摘草莓和割芦笋，夏天在菜地除草，夏末采摘西红柿，秋天给玉米脱壳，深秋时割玉米秆并堆成禾束堆。

开辟新天地——布朗自传

冬天，爷爷靠挖沟渠赚钱养家。他能熟练地铺设地下瓦管排水系统。这个将斯托溪镇(我就是在那里长大的)西部低洼地的积水排掉的系统，已经有近 100 年了，仍然在发挥作用，其中有我们家农场的沟渠。

母亲迪莉娅·史密斯(Delia Smith)本身就是农民的女儿，是 5 个幸存的孩子中的老四。她的母亲在她 20 岁时因患糖尿病去世。妈妈上七年级时便辍学了，在汉考克斯桥附近村庄的一个富人家中干家务活。妈妈身高约 1.7 米，是一个头发略带草莓色的金发碧眼女人，这不奇怪，因为她有爱尔兰血统。像爸爸一样，她也是一个性格安静的人。

外公史密斯一生积攒了三个毗邻的、土壤贫瘠的农场，不是因为他曾经赚了很多钱，而是因为他从不花很多钱。他是 1852 年从德国图林根州迁到新泽西州南部塞勒姆县务农的三兄弟之一的儿子，是一个勤劳致富的农民。史密斯外婆出生在加拉赫(Gallaher)家，很可能是一个爱尔兰人。

父亲显然是在史密斯农场工作时与母亲认识的。经过短时间的交往，他们于 1933 年结婚，并搬进几千米以南，靠近坎伯兰县边界的一所雇农住的小房子里，那里就是我出生的地方。

1934 年的初春，当父母正等待我出生时，爸爸作出了要从雇农变为农场主的决定。他用自己那点微薄的积蓄买了一队马和一些二手农具。在替好几个农场主干了 18 年农活后，他觉得该试一试自己做个农场主了。在经济大萧条、几百万个老农场主都快要破产的 1934 年开办农场可真是个勇敢的举动——而且这条路只能一直往前。

购买一个农场不大可能，所以爸爸便租下了史密斯外公三个农场之中最小的那个。这个农场被新泽西州西南角的潮汐盐沼部分包围着，在那里特拉华河变宽成为特拉华湾。我们居住在塞勒姆县最南端的一个小村庄里，离哈默斯维尔不远，紧靠坎伯兰县边界。

这个农场的土壤分布不均，有些地方大部分是黏土，有些地方又是沙砾，可不是使新泽西州享有“花园之州”之誉的那类土壤。此外，田块形状依盐沼的边界而定，极不规整，蚊子非常多。

农舍是小型木结构，有一间棚屋、一个厨房和一间起居室，楼上有一间卧室。我们没有电、没有自来水，也没有室内抽水马桶，更没有冰箱。妈妈用木柴炉烧饭。厕所离房子有40步左右，但在寒冬的夜晚距离似乎更远！妈妈在一只金属浴盆里用洗衣板给我们洗衣服。我们每周也在这个浴盆里洗一次澡。

我们家生活简朴。我们没有音乐，没有收音机，连书都没有。墙上什么都没挂。我们从没进过餐馆，从来不去看电影，也从来没有节日庆祝活动。我没有照过婴儿照，最早的一张照片就是本书正文前的那张入学照。

我快3岁时，弟弟卡尔(Carl)在这个农场出生。他和我一样也是在家出生的，由本地医生卡尔·韦尔(Carl Ware)博士接生。为了感谢韦尔博士为我们兄弟俩接生，我父母让我弟弟随韦尔博士之名卡尔，而我的名字则随我父亲最喜欢的表弟莱斯特·凯恩(Lester Cain)，他是一个成功的奶农。

我们住在一条1600米长的肮脏小路的尽头，邮件被投送到位于小路与主道连接处的乡村大邮箱里。有一个圣诞节，我们发现邮箱里有一只篮子，篮里放满了各种新鲜水果，是一位匿名者捐赠的。我还记得那一刻的兴奋之情。我们可以庆祝圣诞节了！

虽然生活条件简陋，但我们总有足够的食物。我们有自己的菜园，生产土豆和其他蔬菜。妈妈将西红柿、豌豆、青豆、甜玉米和水果——主要是桃子和草莓——装入罐中。她会做葡萄果冻和苹果酱。

我们有一头奶牛和一小群蛋鸡，偶尔有一只小公鸡吃。妈妈给我们烤面包，我们还自己做黄油和农家鲜干酪。我最早做的家务活之一是摇一只装着0.9升奶油的罐子(不十分满)直到脂肪小球变成黄油。虽然我觉得似乎要永远不停地摇罐子，但实际上只用了15分钟。除了面包和土豆，我们经常吃玉米面粥，我们叫它玉米糊糊，吃的时候加一点牛奶和蜜糖。在天气特别寒冷的时候，妈妈会在有点结冻的奶里加点香草和糖调成“冰淇淋”来款待我们。

在20世纪20年代和30年代，麝鼠皮大衣是时尚，麝鼠毛皮市场繁荣。对毗邻沼泽地的农场主来说，麝鼠就是冬季作物。一张麝鼠皮可卖1美元，麝鼠肉或每只卖25美分或送人或干脆丢弃。对于我们来说，一顿普通的冬季晚餐是炸麝鼠和牛奶肉汁——用猪油煎炸麝鼠后的残渣调味——涂在自制的面包上。

那时麝鼠太多了，以致汉考克斯桥附近的乡镇救火公司的妇女辅助队每年都要举办一次麝鼠晚宴以筹集资金。这一传统一直沿袭至今。当有人询问我麝鼠肉是什么味道时，我解释说，如同鸭肉比鸡肉更美味那样，麝鼠肉比兔肉或松鼠肉味道更美。

早年，在农场度过的岁月里，我学着干农活。一个4岁的孩子能做的家务活之一是每天清扫马厩。这是件特别繁重的活儿，因为马的粪便和垫料会楔入马厩地板锯得不太规则的木条间。我还记得那时灰心丧气的感觉！

夏季，我负责的一件事是消灭西红柿地里的科罗拉多马铃薯甲虫。由于西红柿和马铃薯是近亲，都是茄科家族的成员，所以都会长很多科罗拉多马铃薯甲虫。我们没有农药，因此我要一手提着一只废弃的蔬菜罐，罐里装着约3厘米深的煤油，在田间巡视。一陇又一陇，我在西红柿地里走着，当看到黑黄条纹的甲虫时，就迅速把它抓进罐里。当我碰到往往匍匐在西红柿叶背面的一块鲜艳的橙色卵时，就轻轻把它们捏烂。有些日子，我要在西红柿地里走好几个小时来保护它们免受虫害，如果对甲虫不加以控制，西红柿植株就会落叶，作物就会受损。

当时还没有除草剂，机械式除草机常常除不尽杂草，所以我们还多是用锄头锄地和用手拔草。在地里穿行一次要管两行庄稼，拔掉那些与玉米、西红柿或其他作物争抢阳光、土壤水分和养分的杂草。

我们家的社交活动不多，但在星期天下午，我们有时会爬进我们家那辆1933雪佛兰，去拜访几个堂表兄弟。大多数情况下，我们去母亲的哥哥家或父亲的弟弟家，他们两家离我们都只有几千米远。这可是我和弟弟与其他孩子玩耍的难得机会。

爸爸时不时会去当地的杂货店，在那里少数几个农民在晚餐后聚在一起说说话，讲讲故事。这些聚会一般是不带孩子去的，但由于某种原因，也许爸爸感觉到我有强烈的兴趣，所以他会带着我。我坐在后面静静地倾听着一切。从某种程度上说，我会讲故事就是从这些围坐在饼干桶边的农民那里学来的一种艺术。

从某些方面看，我4岁之前显然有人曾教我读书。几乎可以肯定，那个人就是我的史密斯外公。我依稀还记得坐在他的膝盖上认字的事。早在我上学前，父亲就教我拼写朋友和邻居们的名字，他们驱车经过我们的小道时，会停下来打个招呼，像那时农村社区的乡邻那样。

回想我第一天在坎顿附近村庄上学的情形，仅记得人很多、很吵。在那之前，我还从来没有见过哪个地方有那么多人。近百名学生在有三间教室的学校里学习，厕所在学校后面，学校旁边有铸铁的水泵，没有食堂。我很喜欢幼儿园并一门心思地学习和找书来读。

在1940年的春天，一个农场主来找我爸爸，爸爸早年曾在他的农场当过几年雇农。收益分成的佃农要退休了，农场主将做佃农耕种34公顷农场的机会给了我爸爸。地主与佃农之间的收益分成制就是地主提供土地、房舍和经营资本，而佃农通常要准备农具并实际耕作。出售农作物、牛奶和牲畜的收益由地主和农民共享。虽然这个农场离我们住的地方只有不到10千米，土壤却肥沃得多，农业社区也繁荣一些。爸爸接受了这个建议，1940年3月，我们迁往新居。

开辟新天地——布朗自传

我的新学校斯托溪学校反映出该社区的相对繁荣。学校有室内抽水马桶和食堂。我一到学校便做了常规测试，之后，他们把我从幼儿园分到小学一年级，我比我的同班同学小一岁。

这个农场有一个牲口棚，爸爸马上养了12头奶牛。除了出售牛奶外，我们还种了几公顷西红柿和辣椒作为经济作物。在这里，我学着挤奶，从老奶牛莫利(Mollie)开始，它是一头温顺的、容易挤出奶的奶牛。

爸爸刚开始是用马队耕地。如果让他选择，他是宁愿用马而不用拖拉机耕地的。当我们在只有12公顷地的第一个农场时，他用马就可以耕完地。但34公顷地用一队马就不行了，所以他很不情愿地买了一台新拖拉机，一台由国际收割机厂制造的“农场最佳”。

我们在一个好农场定居下来，并且干得很出色。后来，在1941年12月7日(星期日)，日本人偷袭了珍珠港。美国突然与日本帝国和纳粹德国两个国家开战。爸爸当时37岁，要养一家子人，还要管一个大农场，被免服兵役。但是战争的影响无处不在。我们有空袭演习，演习时每个人都得到学校集合，因为这所学校是斯托溪镇唯一的大型红砖建筑。

作为孩子，我们都盼着进行这些演习，因为一旦集合，每个人都会得到一根冰棍，不是裹着一层巧克力的香草冰棍，就是包着冰橙的冰棍。我通常选后者。在学校里，我们开始把钱存起来购买美国储蓄债券，每次投25美分，直到填满75个槽缝。花18.75美元购买的债券，在12年内可赎回25美元。金属变成了稀缺品，我们将所有能够找到的金属物件进行回收。汽油、轮胎和食糖是配给的。农民属于优待的类别，特殊配给汽油和轮胎，因为生产食物是赢得战争胜利不可或缺的。

同时，我喜欢上学，拼命读书。一旦布置了课堂作业，我会急急地把它们完成，这样我就可以到图书馆看书了。这一点已被老师充分了解并体现在我的成绩报告单上。我小学四年级的老师汤姆林森(Tomlinson)夫人写道：“他的阅读以及阅读材料的选择，尤其是历史书，是突出的……他最需要做的是放慢速度。”六年级的老师范弗利特(Van Vliet)夫人写道：“他做作业‘太快了’。这会导致犯粗枝大叶的毛病。”这是实情，但我宁肯接受稍低一点的成绩，因为我从阅读中学到很多东西。

在一学年里，我读了至少 100 多本书。我发现传记非常有趣，包括美国开国元勋们的传记。其他我特别喜欢的有林肯（Abraham Lincoln）、玛丽 · 居里（Marie Curie，即居里夫人）和卡弗（George Washington Carver）的传记。到八年级毕业时，斯托溪学校里的每本书我几乎都读完了。

由于我们生活的农场有点与世隔绝，也由于父母都不曾读过书，我们饭桌上的谈话内容很有限。传记为我开启世界之门的方式是父母做不到的。因此，在我小小年纪时，自我意识便受到我所迷恋的这些政治领导人和科学家的影响。他们解决了他们时代的重大问题，我也想做同样的事。

老农伍德（Jim Wood）过了一段时间后注意到，每当我们路过，我总会翻翻他们的报纸，当大人聊天时便静静地坐着读一读。他让我每天放学后顺便过去挑两份隔天的旧报纸——《费城问询报》（*Philadelphia Inquirer*）和《布里奇顿晚报》（*Bridgeton Evening News*）。这很快成为我日常生活的一部分。由于报纸有点大，我拿不住，就在客厅的地板上把报纸铺开放在我的手和膝盖上阅读。我迷上了战事报道，并带着浓厚的兴趣关注北非战役。报纸用地图显示盟军部队的前进或撤退。他们标出了隆美尔陆军的位置，描述该部队的战略目标。我知道了的黎波里、比塞大和阿拉曼等城市的名字。

靠近家乡，美国东海岸展示着战争的另一面。我们确实不得不建造成千上万艘船舶，包括巡洋舰、驱逐舰、航空母舰、货轮、油轮和运兵船。附近巨大的费城造船厂生产船舶所用的钢材来自巴尔的摩附近的伯利恒钢铁公司的麻雀点工厂。这些钢材是通过切萨皮克湾和波托马克河运进大西洋，经东海岸进入特拉华湾，然后溯特拉华河运到费城来的。不幸的是，美国没有能力对付德国的 U 型潜艇，它们在美国沿海水域穿行，将往返于巴尔的摩和费城之间的美国船只一艘又一艘地击沉。虽然那时消息并不公开，但 1942 年在美国东海岸被击沉

开辟新天地——布朗自传

的 86 艘船只中，许多是在波托马克河和特拉华河河口之间的沿海被击沉的。

使用连接切萨皮克湾上游到特拉华河下游的内陆运河以避免在海上航行是对这些攻击作出的反应。这条内陆运河约 32 千米长，运河的东端离我们农场的小河直线距离只有 24 千米。美国海军最终开始采用更有效的武器技术，包括驱逐舰、雷达、深水炸弹，消灭了若干 U 型潜艇。1943 年，美国船只在东海岸的损失减少到了 8 艘。

同盟国和轴心国在北非经过近两年拉锯战，德国和意大利的物资供应耗尽，于 1943 年 5 月被决定性地击败。约 275 000 人的部队向盟军投降。希特勒（Hitler）在俄罗斯东部战线上问题成堆，被迫从北非撤退。这是战争的一个早期转折点。

同时，美国和英国轰炸机队在战斗机护卫下对德国的空袭正在迅速增加。有一天，《费城问询报》出现了一条醒目的标题称，前一天晚上有 1000 架盟军飞机横渡英吉利海峡。那时我们就明白战争的形势开始发生转变。

1943 年圣诞节，房东西奥多 · 狄克逊（Theodore Dixon）的女儿埃玛 · 狄克逊（Emma Dixon）和邻近的霍普韦尔镇的一名教师送给我一本由怀斯（Johann David Wyss）撰写的《瑞士家庭鲁宾逊》（*Swiss Family Robinson*）。当有人问我哪本书对我的影响最大时，那是我列举的一本。那本书描写了一个遭遇船只失事的家庭在荒无人烟的热带岛屿上的故事，这个故事让我记忆犹新的是，父亲凭着聪明才智，在如此艰难的情况下为妻子和 4 个儿子创造出文明环境。

房东的另一个女儿杰西 · 莉莉（Jessie Lilly）每周日上午都带卡尔和我到离罗兹斯通约 1600 米远的科汉西浸礼会教堂去。在主日学校里，我们熟记《圣经》的诗句。每会背一首诗，我们可以得到一张蓝色的小票，令人惊奇的是票上也有《圣经》的诗句。如果我们得到 4 张蓝票，就可以用它们换一张红票。如果我们积到 100 张红票，我们可以得到一本新的《圣经》。我把这看作是一次难得的自己获得什么东西的机会。我时时背下《新约》的整个章节，如《以弗所书》、《腓立比书》和《歌罗西书》。没过多久，我就交给主日学校的老师 100 张红票并获得了一本新的《圣经》。因为我的工作都是没有任何报酬的，得到一些回报最起码可以说是令人振奋的。

1944 年初，爸爸得知斯托溪镇西头离我们住的地方约 6.5 千米处有一个 16 公顷的农场在出售。农场主人出价 2500 美元。对爸爸来说，战争早期那些年不仅收成好，农产品也卖了好价钱，他攒的钱足够用现金买下这个小农场。但是，妈妈喜欢狄克逊农场附近的邻居和朋友，她不愿搬家。这是她对爸爸所作决定提出的为数不多的异议中的一次。我们的底线是，不但要有一个自己的农场，也要有一个属于我们自己的家。这里的土地虽然不像狄克逊农场那么均匀肥沃，但仍然相当有生产力。

这个通了电但没有装室内抽水马桶的农场还附带 2.8 公顷芦笋田。这块一旦建成可以生产芦笋长达 20 年之久的芦笋田正在老化。到这个农场的最初几年，我们从 4 月中旬开始割芦笋，一直持续到 6 月底。芦笋被卖到离农场约 16 千米的新泽西州布里奇顿的里特尔罐头厂，每磅* 9 美分。割芦笋是个艰苦的活儿，累得人腰酸背疼，但芦笋的销路很好。我们还种了辣椒和西红柿。位于桑德沃什路的这个农场——布朗农场——成了我们家的宅基地，父母在那里度过了他们的晚年。正是在这里，小妹妹玛丽昂（Marion）于 1945 年出生。我和卡尔的年龄相差近 3 岁，卡尔和玛丽昂相差 9 岁。该农场仍属于我们家，现在由弟弟和我所拥有。

1944 年夏天，我当时 10 岁，我们把西红柿送到那个购买我们芦笋的里特尔罐头厂。令我十分惊讶的是，当我们开始把一筐筐西红柿从卡车上搬下来交给工厂工人时，我才发现我们正把西红柿交给德国战俘。他们都穿着卡其布连体工服，背上有模板手印的黑色大字母

开辟新天地——布朗自传

* 1 磅约为 0.45 千克。——译者

"PW"。他们是在北非向盟军投降的部队的士兵。当要他们选择待在沙漠中的拘留营还是到美国去工作时，他们选择了后者。大约 600 名德国士兵住在我们社区，我突然觉得那场自己在报纸上密切关注的战争就近在咫尺。

1945 年，战争结束以后，国家逐渐恢复了比较正常的生活状态。在几年内，爸爸已建起一个牲口棚，并再次建起奶牛群，这次大约有 20 头奶牛。我们又重新开始挤牛奶，爸爸、卡尔和我将挤奶任务均分。我们一年 365 天一天给奶牛挤两次奶。因为只有在上学前和放学后才能喂奶牛和挤奶，所以我们每天早早起床，放学后回到家还必须挤一次奶。

我们斯托溪镇的学生大部分是欧洲血统，有少数非洲裔美国人，印第安人更少。后者属于伦尼莱纳佩(Lenni-Lenape)* 部落。

1947 年 6 月上旬，我八年级毕业，是家里第一个小学毕业生。八年级的老师兼校长亨丽埃塔·汤姆林森(Henrietta Tomlinson)——我 1940 年上学时，她就一直在教幼儿园和一年级——把我拉到一边说，她在将提交给布里奇顿高中的学生评价表中作了极为罕见的评价。她给予两个学生——福格(Jane Fogg)和我——全优评价，以期我们能进入高中。

新的人生篇章即将开始。布里奇顿高中有 1000 多名学生，大约一半来自布里奇顿镇，一半来自周边农村社区，是一个多种族的大熔炉。来自小学的多样性扩大到了包括许多其家人有机会离开拘留营区到西布鲁克农场来工作的日裔美国人。在我们学校上学的还有流离失所的爱沙尼亚人、拉脱维亚人和立陶宛人，他们在西布鲁克开始自己的生活。

进入高中意味着我们不得不作出要学什么和是否想上大学的抉择。对于像我这样已从事过许多农场工作，热爱农业，又渴望学更多

* 即特拉华人。——译者

知识的人，选择很简单。我依照汤姆林森夫人的建议报名上了职业农业大学预科班。

对于我来说，上高中要花更多的时间坐大巴去上学。除了花更多时间做功课和干农场的杂活外，我也参加运动。在中学二年级，即14岁时，我开始参加越野跑和田径运动。在三年级时，我加入了橄榄球队，当学校成立摔跤队时，我立刻成了首批摔跤队员。在按重量级组织的摔跤比赛中，我表现得比橄榄球比赛更好。那是我获得佩戴校名首字母标志荣誉的首个运动项目。

我所在的橄榄球队经常获得冠军，但我很少上场。在这里，身体素质、成熟度和经验更为重要。教练的哲学是，如果你刻苦训练，也不逃避实战，在你最高年级时，就会获得佩戴校名首字母标志的荣誉。这是我在橄榄球项目上获得佩戴校名首字母标志荣誉的唯一理由。

虽然自己在学校表现很好，但潜意识里我感觉到了自己在社交方面的缺陷，主要是因为我的父母缺乏教育，以及我们的生活非常简朴。我们在农作上花费了大部分的资金，在家具或衣物上几乎不花钱。我的衣服有时引人瞩目，但那是由于穿得不好的原因。直到我上了大学，卡尔才修了一间室内卫生间替代室外厕所。在那以前，我放学后一直不好意思把朋友带回家。

职业农校的学生除了课堂学习外，都必须有自己的农场项目。如果你不住在农场里，那么你就必须去农场工作以获得农业亲身体验。在我上二年级那年，我的项目是建一个12×14英尺* 的鸡舍育雏和养鸡。为此我很自豪。鸡舍的设计源自康涅狄格农业实验站的小册子。鸡舍建成后的头几个月，弟弟和我开始养肉鸡，随后，在春天来临时我们便开始养野鸡。

在养鸡时我们注意到了一件事：每当你把新鲜的饲料放进食槽，

开辟新天地——布朗自传

* 1英尺约为0.3米。——译者

甚至只是走进去拌拌料时，鸡出于好奇，不管饿不饿都会跑过来尝一点。弟弟和我便画了一张时间表，我们中有一人起床后第一件事是喂鸡，上学前再喂一次。妈妈会在白天喂它们，我们放学回家后喂一次，晚饭后以及上床睡觉前各喂一次。频繁喂鸡的目的是为了让鸡多吃点，长得更快些。我们也把维生素药丸放在它们的饮用水里。我们的策略奏效了！

我们参加了新泽西州“4－H明日之鸡”养鸡比赛，从一日龄的鸡开始养，看谁能在12周内养出最好的鸡。12周结束时，卡尔和我各从鸡群中挑了5只鸡上交，由评委作评估。其他参赛者提交的5只鸡，重量在5—9千克。我们的鸡重达11千克。卡尔的鸡赢得了州比赛。他才13岁。提供鸡苗的是当地的卡里森孵化场，孵化场非常高兴给他们免费做了宣传。

鸡被拿到市场出售后，我们便清理育雏舍改养野鸡。一日龄的野鸡苗由新泽西州鱼类和野生动物处免费提供。当雏鸡养满12周龄，鱼类和野生动物处的工作人员会带着板条箱，开着小卡车来装上幼雉，并在州内各处放养，这是努力重建新泽西野鸡种群的举措之一。每只野鸡他们向我们支付1美元。在笼内养野鸡并不容易，死亡率往往很高。但是，我们非常成功，所以我们能够继续扩大养殖，达到一次养600只的规模。

在饲养野鸡的初期，我们注意到，有些野鸡的腿向外伸展，软弱无力，脚往两边撇，走不了路。我们从鱼类和野生动物处联系人那里了解到，我们用的预混饲料中缺锰，这是一种野鸡必需的营养素。我们换了一种供游猎的山鸡饲料，含微量但必需的锰，使受影响的野鸡迅速得到康复。

有时，有些已经几个星期大的野鸡会莫名其妙地死亡。我们付钱给6岁的小玛丽昂，她每次从鸡笼里拿出一只死野鸡，我们就给她一枚5分钱的镍币。对她来说，在鸡棚低垂的铁丝网下行走比我们兄弟手脚并用地爬行要容易多了，那网是用来防止野鸡飞掉的。至今，她还喜欢挖苦我和卡尔剥削儿童。

我们向鱼类和野生动物处报告了野鸡死亡的消息，因为在以前养的几批野鸡中从未发生过这样的事情。工作人员也跟我们一样迷惑不解。但经过几次验尸和更多的研究，并咨询了其他州的猎鸟病理学家后，他们确定是东方马脑炎造成的。结果证明这种疾病跟几十年后被传到美国的西尼罗病毒相似。这两种疾病都是由蚊传播的，对马和某些种类的鸟是致命的威胁，有时候对人也是致命的。就像乌鸦极易遭受西尼罗病毒感染一样，野鸡也极易传染上东方马脑炎。没有办法预防。

我和弟弟卡尔在这些早期项目上所做的工作，其中有一些甚至是在卡尔10岁之前做的，我们从中学到了广泛的知识，包括财务和管理。我们还学到了更专业的知识，如建筑施工、家禽营养、野鸡病理，等等。拥有自己的农场项目所带来的挑战激励着、鼓舞着我们。这为我们开展第一项重要农作项目——种植西红柿创造了条件。

开辟新天地——布朗自传

第三章

种植西红柿

1820 年，罗伯特 · 吉本 · 约翰逊（Robert Gibbon Johnson）上校站在新泽西州塞勒姆县法院的台阶上，在一群异常焦急的人面前吃着西红柿。当时，人们普遍认为，这种热情奔放的红色“爱情苹果”是有毒的。令围观者宽慰的是，约翰逊吃了西红柿没有任何不良反应。不久以后，许多人也开始吃西红柿了。

在我成长的塞勒姆附近有一种流行的说法，西班牙人很早就从墨西哥引进了西红柿，而墨西哥很可能是从秘鲁引进的，后来它们被传到欧洲和亚洲。西班牙和意大利在 16 世纪就生产和食用西红柿。事实上，塞勒姆邻近的坎伯兰县早在 1812 年就种植和食用西红柿了。到 1835 年，新泽西州南部大批量地生产西红柿。1860 年左右番茄罐头开始在该地区面世。

我们生活和务农的坎伯兰县，很快就成为全美西红柿种植的摇篮。卡尔和我开始种植西红柿的时候，西红柿已是新泽西州最流行和最有价值的产品之一。南泽西每年夏天给费城和纽约提供新鲜的西红柿。食品工厂除了生产番茄罐头，还把西红柿加工成番茄酱、番茄汤和番茄沙司。在布里奇顿有两个西红柿加工厂：里特尔和普里查德，夏天的空气中弥漫着令人垂涎的香气，因为加有香料的巨型大桶正煮着番茄沙司。这香气就是我青春岁月中的每个夏季不可或缺的一部分。

除西红柿外，南泽西加工的其他重要作物还包括芦笋、利马豆、豌豆、青菜豆和甜玉米。桃园和草莓田又增加了作物种类。正是这个地区的农产品成就了新泽西州“花园之州”的美名。

1951 年的春天，卡尔和我准备把我们的农业项目提升一个档次。我们种了第一块西红柿地。离约翰逊在法院台阶上当着众人吃西红柿的位置仅 9.7 千米。我们租用的土地租期为一年，与里特尔公司签订了种植 2.8 公顷西红柿(28 000 株)的合同，给罐头厂提供西红柿，每吨 32 美元。

里特尔公司提供西红柿苗，并安排他们的销售人员——一位西红柿专家为我们提供技术咨询。由佐治亚州开罗的一家公司培育幼苗，当幼苗长到约 15 厘米高时，他们用手将幼苗小心拔出，每 50 株扎成一束。根部用潮湿的苔藓包住，四周用棕色包装纸围住，紧紧地塞进筐里，以防干瘪。这些幼苗被装上一台拖拉机拖车，直接运送到布里奇顿，像我们这样的签过合同的当地农民会去接车，取走 20 000、30 000或 50 000 株西红柿苗。

当卡车抵达时，我们立即采取行动。田块已经翻耕和准备好。现在正是栽种的时令。那时，我们还是人工栽种西红柿。用拖拉机牵引标记，定好枝距和行距，这样我们就精确地知道隔多远种一株西红柿，我们工作得很认真。

卡尔和我一放学就会充分利用天黑前的几个小时。我们花了好几天，才把所有的秧苗栽种好。随后便是锄地控制杂草和密切注意害虫。季末，我们会检查疾病，如西红柿枯萎病。

在栽种西红柿的最初几年，我们像该地区几乎每个人那样，都栽种罗格斯西红柿品种，那是在美国东北部供西红柿加工而生产的主打品种，已有20—30年的历史。它是1934年罗格斯大学发布的一种既高产又美味的西红柿品种，由罗格斯大学的植物学家舍默霍恩(Lyman Schermerhorn)教授和他的研究生开发。

但是，这个时代很快便结束了。20世纪50年代初，在卡姆登有一个很大的西红柿加工厂的金宝汤公司也投入巨资，开发新的、更高产的西红柿品种。在这一创举前，西红柿种植的ΦBK联谊会是“10吨番茄俱乐部”。每英亩* 收获10吨以上西红柿的农民就自动成为会员。在短短几年内，该俱乐部变成了“20吨俱乐部”。这是科学系统应用于农业的一个令人印象深刻的范例。

在所有我们可种的作物中，卡尔和我选择了西红柿。为什么呢？一则，西红柿的生长季节与学年较为相配。这并不是说没有重叠，因为西红柿秧苗必须在4月或最迟在5月初种植，正好在学校放假之前。季末，秋季学校开学时，地里还有西红柿。对我们而言这也是我们忙碌的时候。

同时，西红柿的生长很有趣。它们适应能力强、产量又高。一株西红柿的果实有些已经成熟了、有些正在成熟、有些还是青的——看起来真是一件艺术品。而且，我喜欢西红柿植株的独特香气。直到现在，每当我见到一株西红柿时，都忍不住要上前闻一闻。

我们所面临的挑战之一是如何筹措资金不断扩大自己的西红柿种植规模。弟弟和我得到爸爸的理解，只要我们做完家务，把一切都做了而且做得很好，其他时间我们干什么，他都不管。比如，在春季，弟弟承担挤奶的任务，他不仅要挤他负责的奶牛，也要挤我负责的奶牛。同时，我则跑到2.4千米外的一个农场，每天上学前花几个小时

* 1英亩约为0.4公顷。——译者

帮那里的农民收割1.6公顷芦笋。他每小时付我1美元，这样我们便积攒了一些现金。这还给我提供了锻炼机会，因为我在学校田径队是跑1英里* 项目的。

除了帮其他农户采摘草莓和收割芦笋外，我们还在干草打捆时帮忙，用一辆旧卡车把干草包从田间拖运到干草堆。农民喜欢雇卡尔和我干活，因为我们很勤恳。我们也相互竞赛。我率先一天摘了100筐西红柿(每筐约16千克)。卡尔接着就把纪录刷新为102筐。从那以后，我们你来我往，不断创造新的纪录：105、107、108和110。1949年，我赢得了坎伯兰县少年西红柿采摘锦标赛！这并非偶然。而卡尔当选"美国未来农民协会"新泽西州明星农民也绝非偶然。

1949年，我们买了第一台拖拉机——一台凯斯双犁复古式中型拖拉机，主要花的就是我们为其他农民采摘西红柿赚的钱。每摘一筐西红柿可以赚10美分，要摘2000筐西红柿才付得起买这台拖拉机的钱。

1951年8月下旬，我去罗格斯大学参加迎新介绍会的前一个周末，我们遇到了一个难题。虽然我有驾驶执照，但卡尔没有。一旦我去罗格斯上大学，便需要卡尔开车将西红柿从我们农场运到约20千米外的罐头厂去。事实上，他没有驾照倒不是多大的问题，因为农场的年轻人取得驾照前经常在本地开车。问题是，卡尔从未开过满满堆放着5筐高的西红柿的卡车。

考虑到这一点，我们决定在我离开的前一天，即星期六就把西红柿运到罐头厂。在卡车上装200多筐西红柿本身就是一门艺术。装西红柿的卡车的车身设计使西红柿筐可以堆叠成一个扩展的金字塔，从前向后延伸。两面侧板可让我们紧靠着金字塔两侧再放一层筐，从而更加稳定。这是一种行之有效的把西红柿从农场运到加工厂的方法。我们那辆1935年的老雪佛兰卡车至少装了4吨西红柿。

开辟新天地——布朗自传

* 1英里约为1.6千米。——译者

我们决定让卡尔开车去罐头厂，我开皮卡货车紧随其后。他必须得把车开到那里排队，因为总有一条长长的卡车队，卸车得等上几个小时。

通往罐头厂的最后一段路是一条约8千米的直道。卡尔驾驶着装得满满的卡车跟在一个开着拖拉机的当地农民后面，那人的拖拉机后面拖着两三件农具。卡尔准备超车，当他已经开到路的左侧才发现那个农民要开到路中央再向右转入私人车道。卡车的车轮压过肮脏的道肩，带着沉重的负荷开始倾斜，卡尔把车拉回到路上，但并非所有的西红柿与他一起被拉回。被掀翻的那些西红柿散落在宽宽的马路上有几英寸* 厚。他把车开到路边以评估损失，并等着我。

在我抵达时，已经有很多汽车压着西红柿开过去了。但是，司机们好像开过刚下过雪的马路那样，一直保持着一条车道，小心地沿着相同的车辙开，尽可能把损失降到最低。

有人建议我们打电话给里特尔的外勤工作人员。我们在农民家里打通了电话，外勤人员迅速赶到现场。看了现场情况后，他发现路上的西红柿大部分还处于良好状态。有许多西红柿挤伤了，也有些挤烂了，但显然我们的采摘工作做得非常仔细，西红柿的品质也异乎寻常地好。他建议我们从农民那里借两把铁锹或铁铲，尽量把西红柿捡回卡车，不带沙子或沙砾就更好。他说，我们不可能全捡回来，但其中大部分是可捡回的。

他提了个要求，要我们问问农民能否让我们将卡车停在他的谷仓后面以避开公众的视线，因为这些开裂的西红柿可能会成为里特尔公司的一个公共关系问题。他告诉我们第二天清晨5:30把卡车开进加工厂，他们会立刻卸车，使开裂的西红柿变烂的可能性降到最低。

尽管这次运货有一小部分损失，但那年我们送了许多车的西红柿并做得很好。我们正式成为种西红柿的农民。因为大部分工作是我们

---

* 1英寸约为2.5厘米。——译者

自己做的，我们在 11 月份收到许多支付我们所送交的西红柿的支票，这使我们可以再购置一台拖拉机，一台新品牌拖拉机。弟弟和我当然知道我们想要什么——一台崭新的福特双犁拖拉机。我让他直接去买。卡尔很勤快，我想让他体验一下买拖拉机的经历和满足感。

卡尔去当地的农场设备经销商那儿，他显然知道我们，但却没有想到要出售拖拉机给一个 14 岁的孩子。他花了一阵子才弄清我兄弟是认真的，他不光想要买一台拖拉机，还要买翻耕和栽培设备。我们在 1951 年秋天花 2100 美元买了那台拖拉机，首付 700 美元，其余的，接下来两年每年秋天各付 700 美元，这是一种典型的给农民安排的分期付款方式。

我们开始种植西红柿时，工业正处于迅速变化的阶段。在手工种植一两年后，我们搞了一部机械式移栽机，可坐 4 个人，一次种植两行西红柿，移栽机挂在拖拉机后面。拖拉机罩的两边各挂两个装满水的桶，水中含有液体肥料。因此，每栽种一株西红柿，便同时浇大约半杯水，给植物根部周围提供水分以及必需的营养物质：氮、磷、钾。这种方式有助于植物比传统的手工种植更快地开始生长。

由于西红柿种植业务的发展，我们从本地的里特尔西红柿加工厂转到了金宝汤加工厂，它能轻易地处理我们更大量的产品。现今令人难以相信的是，当时我们生产并送交新泽西州卡姆登的金宝汤加工厂 1 吨西红柿只能获得 34 美元。今天，你从超市买 34 美元的新鲜西红柿，用购物袋就可随身带回家。

我们第一年种西红柿只种了 2.8 公顷，西红柿几乎全都由卡尔和我自己采摘。但当我扩大种植面积，1958 年最终达到 28 公顷(28 万株)时，我们需要许多帮手来采摘。我们的采摘工包括同学、朋友，当我们种植的规模更大时，便雇用了从附近的塞勒姆来的季节工，甚至还有一些来自波多黎各、通过波多黎各劳工部签约的合同工。

我们的妹妹玛丽昂，尽管她年纪比我们小很多，也参与了我们的工作。那时她才 8 岁，开着拖拉机，拖斗里是供采摘工使用的空筐

开辟新天地——布朗自传

子。她慢慢地开着拖拉机穿过田野，小心地顺着行以免碰伤西红柿，我们在田里放着一小堆空筐，以便西红柿采摘工随手可取。这可不是玛丽昂在我们种西红柿时唯一做的事情，但那是她最喜欢做的事。

在西红柿采摘机应用于田间前的很多年，植物育种者便开始培育坚韧的、能承受机械化采摘、处理，并在长途运输中耐挤压的西红柿品种了。一路伴我成长的那些甘美多汁、可口的西红柿很快只限于几个菜园品种。今天，曾经被广泛种植的罗格斯西红柿已被另一种罗格斯品种拉马波西红柿所取代，整个美国东北部的菜农种植的都是这个品种。

卡尔和我一直有着彼此心领神会的亲密关系。我们对我们从小就一起完成的事情感到自豪。但是，我喜欢上学，卡尔却不喜欢。卡尔在高中二年级时辍学，并在冬季当上了水管工学徒。他刚成为有职业资格证的水管工，就创办了自己的企业，并把西红柿种植项目中属于他的那份转给了我。卡尔的创业技能由此又有不同的表现。他利用自己在管道安装中获得的各种房屋知识，开始找那些外表看上去破旧不堪，但其实结构合理和内部条件良好的房产。他买下这些低估价房屋，经翻修后出租。他现在拥有约 35 处房产。

1958 年 2 月，当我正考虑最终在新泽西州南部定居下来做一个西红柿种植户的前景时，我想我可能永远到不了美国西海岸去看看加利福尼亚州。因为还有两周的假期，我决定搭便车到洛杉矶郊区去拜访格洛丽亚 · 德芙 · 沃德(Gloria D’Eve Ward)，一位和我同组去印度的女士，她那时在英格伍德高中当老师。我有 37 美元的旅费。卡尔开车把我送到新泽西州收费公路的南端，离家不到 32 千米。我从那里再搭便车往北，穿越与宾夕法尼亚州收费高速公路连接的宾夕法尼亚州、俄亥俄州，在离开高速公路前进入印第安纳州向西南方向前进。从印第安纳州，我搭便车穿越了伊利诺伊州南部、密苏里州和俄克拉何马州。

在俄克拉何马州，我搭上了一位美国匹兹堡大学教授的车，他正赶往加利福尼亚州北部去担任一项新的教学任务。他开着一辆几年车龄的大别克。他很高兴有人与他一起开车，这意味着我们不必非得在什么地方停下来过夜。当我们离开俄克拉何马州，穿过得克萨斯州的狭长地带，进入新墨西哥州时，车子开始过热，因为他在散热器(水箱)里放了防冻液，这并不奇怪，因为他是从匹兹堡来的。他并不急于停车。我建议把加热器鼓风机开足，并打开窗户。那时的小汽车加热器在一定程度上可以起到辅助散热器的作用。这种技术管用，我们继续横穿新墨西哥州和亚利桑那州到了加利福尼亚州的南部。他在帕萨迪纳离格洛丽亚住地不太远的地方让我下了车，然后又往北行驶。

我在格洛丽亚处住了一个星期。我们参观了迪斯尼乐园、玫瑰碗体育场和当地的历史景点。然后我便基本上是沿原路返家。我在第一天午夜陷入了唯一一次困境。我发现自己被困在加利福尼亚州尼德尔斯的路上几个小时，就在靠近亚利桑那州边界莫哈韦沙漠的那块人烟稀少的地区。我最终搭上了车，3 天后终于回到了新泽西。

尽管偶尔有间歇，我来回的搭车时间倒是出奇的一致。去程花了 69 小时，回程则花了 72 小时。搭便车这件事的好处之一是省钱。当我回到新泽西州时，离开时带走的 37 美元仍剩下许多。虽然我是一个成功的西红柿种植者，但仍然缺钱。在签订西红柿种植合同时，公司似乎总在定价上占上风——在谈判中压低价格，却仍然能得到所需的全部西红柿。

1958 年春末，我的计划受到一点阻碍，我要服两年义务兵役。像所有身强力壮的男性一样，我奉美国陆军之命去体检。1958 年仲夏，我被征召去服兵役。当我很快要去当兵的消息传出后，我还欠着货款的农场设备经销商打电话给肥料经销商——他卖给我们的化肥要到秋季西红柿收获后我们才能付款。他们打电话给当地征兵局的主席，声称如果我去当兵会给他们、给社区带来一场经济灾难。由于这两个经销商是社区有影响力的领袖，征兵局主席免了我的兵役。而且，事实上，那年我销售了 68 万千克西红柿，成了新泽西州最大的西红柿种

开辟新天地——布朗自传

植者之一。

我一生中有8年在种西红柿，从1951年至1958年，即从高中高年级开始，在罗格斯(见第四章)的4年，以及1956年我在印度的村庄里住的数月(见第五章)，其后又种了2年。我对土地产生了一种依恋。即使是现在，每当我回斯托溪探亲，开车穿行在有着肥沃的砂质土壤、一片片林地和小溪的乡村时，我都很享受那种安宁和脚踏实地的感觉。不过，到1958年夏末时，种植更多西红柿的挑战不像以前那样吸引人了。

首先，对没有自己农场的农民来说，经济前景不容乐观。你可以像我那样每年租用土地谋生，但只能勉强维持生计。可供租用的土地通常原本就不太肥沃。因为你年年租用，你不能采用轮作方式去增加土壤肥力。除此之外，由于在印度居住过，我开始对食物和人口之间的日益失衡产生兴趣，想为世界做些什么。基于这些考虑，我决定做我真正想要做的，即加入美国农业部外国农业局。这可以利用我在农业方面受过的培训和经验，同时给我到国外去工作的机会。

但在讲述外国农业局之前，我要告诉你们两次特殊的经历，它们的影响决定了我的想法，甚至我的一生。

第四章

在罗格斯大学学习农业科学

1951年7月中旬，我驾着那辆1936年出厂的红色道奇小卡车，带着当时的女友多萝西·哈里斯(Dorothy Harris)从农场向北朝新泽西州立罗格斯大学行驶。多萝西是一个非常可爱的黑发女孩，她后来上了护士学校，是我们农村社区一小群年轻人中的一员。

我到了几个月前就已经录取我的罗格斯大学，被安排去见教导主任克罗斯比(Howard Crosby)谈学费问题，在注册时要交学费。我的主要收入来自西红柿种植，但番茄罐头厂要等到收获季结束后才支付西红柿货款，通常是在11月。我需要去问一问校方能否等到那时再交学费。

当我坐在克罗斯比的办公桌前时，他要我再说一遍我的名字。然后，他开始翻阅10厘米厚的3孔活页夹，直到找到我的名字。他问道："你来自坎伯兰县，对吗？"我说："没错。"他说："你有为期

开辟新天地——布朗自传

4年的全额奖学金。”

我如释重负。几个月前，我收到过县教育局局长马尔福德(Roland Mulford)的一封来信，信上说，我已被提名授予国家奖学金。我曾饶有兴趣地读过那封信，但再也没听到别的消息，我也就没有再多想。但我在这里获得了为期4年的奖学金，我甚至都没有申请过奖学金。对于一个物质资源匮乏的农村男孩而言，这宛如天降甘露、神祇恩赐。

选择学院的事很容易。我想学农，而罗格斯——新泽西州一所接受政府赠地的大学——有一所出色的农学院。它还设有普通农业科学专业——那正是我作为一个农民所需要的。农学院是我唯一申请的学院，离我家农场仅有193千米，这个距离让我周末就可以回家，需要时还可以经常往返，一边上学一边继续务农。

农学院提供了丰富的科学课程，让我感觉像是糖果店里那个众所周知的孩子似的。要获得农业科学学位有许多基础科学课程是必修的，但也有许多其他的选修课可供选择。其中我喜欢的课程有：生物学、细菌学、化学、有机化学、物理学、地质学、土壤学、土壤物理学、遗传学、气象学、气候学、昆虫学、动物生理学、植物生理学、植物病理学，以及一些更实用的课程，如植物繁殖、动物营养、杂草控制、农业工程和农业经济学。因为罗格斯大学是接受政府赠地兴办的学校，也是新泽西州农业试验站的基地，这意味着，我们的许多教职员都积极从事着最前沿的应用研究。

有机会主修普通农业科学，而不是更特殊的专业领域，如植物学、土壤学或畜牧学，这与我想尽可能广阔地看问题的愿望是相契合的，也使我产生了结合多学科知识领域的思想。那时，还没有环境科学专业，普通农业科学专业就是最接近我个人想要的专业了。

由于其科学课程的极好声誉，农学院对医学院的许多预科生也很有吸引力。说罗格斯大学农学院的土壤科学系很出色太轻描淡写了。1943年，一位名为沙茨(Albert Schatz)的研究生在罗格斯大学植物病理学大楼和农学院马厩外施过大量农家肥的土壤里发现了链霉素。他当时才 23 岁，是与瓦克斯曼(Selman Waksman)教授一起工作的几个研究生之一。该研究小组发现了 18 种抗生素，包括链霉素、放线菌素以及新霉素(其家喻户晓的商业产品即抗生素软膏 Neosporin)。

1952 年，瓦克斯曼被授予诺贝尔生理学或医学奖。1954 年夏，新的微生物研究所在罗格斯大学校园内的一座大型新建大楼里成立，其大部分资金来源于链霉素和新霉素的专利权使用费。链霉素和罗格斯大学农学院后来许多其他抗生素的发现，从根本上改变了全球的医疗实践。

为期一年的公众演讲课程是农学院必修课程的一部分。该课程由当时流行的大学教科书《你可以讲得好》(*You Can Talk Well*)的作者里格(Richard Reager)执教，这是我在罗格斯大学学习过的最有用的课程。学完它你并不会自动成为一个伟大的演说家，但它奠定了有效公众演讲基本原则的基础。我学会了如何吸引听众，如何根据演讲提纲作演讲，而不是宣读演讲稿，我还学会了抓住重点目标进行演讲。

那时我不可能知道，有一天我会获得数百万美元的演讲费。我第一次拿到 5 万美元的演讲费时，忍不住把它与采摘一筐西红柿赚 10 美分作了个比较。一个人通过采摘西红柿赚到同样多的钱，需要摘 50 万筐西红柿——这可是一个人一辈子都干不完的活儿。教育投资获得可观的回报，尽管我从来没有为自己留下演讲费。

还有一门必修课是写作技巧，该课程主要是为研究人员设计的，讲授文章该采用什么样的结构以及如何将复杂技术问题的处理描写清楚。它也迟早会有用处。我的学期论文的题目是“蚯蚓的经济重要性”(The Economic Importance of the Earthworm)。

无论口头还是书面沟通课程，都与我内心深处的愿望相契合，我希望用别人能够理解的表达方式与人交流对复杂问题的看法。

有些人从小就想成为一名作家。我从来没有想过——现在也仍然不想——但如果你想与很多人分享你的研究成果和你的“想法”，除

开辟新天地——布朗自传

了写作别无选择。所以我这个书架上摆满自己写的书的作家当得挺勉为其难的。

在罗格斯大学学习虽然很辛苦，但我也有时间搞些恶作剧。我早期的校园好友之一是来自新泽西州朗布兰奇的汤姆·普赖斯(Tom Price)。早在大一时，我们晚饭后出去散步时偶然发现一辆“大众”甲壳虫车。由于这款车太新锐了，我们想知道能否将车尾抬起来。当我们发现可以抬起来时，我们就寻思把一只车轮放到路边一定很有趣。就这么办！比我高2到5厘米、重11千克左右的汤姆特别强壮，世界将很快知道他的厉害。

1952年1月，汤姆作为新生参加了赛艇队选拔赛并成为队员。此后不久，洛格(Logg)教练把汤姆和自己的儿子小查克·洛格(Chuck Logg Jr.)——一名高年级学生配对，以便两人联手参加美国奥运会双桨艇项目选拔赛。查克和汤姆赢得了比赛，获得代表美国参加1952年赫尔辛基奥运会的参赛权。在那里，他们夺得了奥运金牌。

汤姆在赛艇队伍里的崛起是非凡的。他1月开始划赛艇，7月便和查克一起赢得了奥运金牌。在6个月内从一个新手变成了世界冠军！美国队获胜的关键是查克的经验和汤姆的力量。

我在罗格斯大学最亲密的朋友是拉里·苏伊达姆(Larry Suydam)，他也是农学院学生。我们有很多课都是一起上的，其中包括细菌学这门课，由脾气温和的梅茨格(Herbert Metzger)教授讲课。我们每周有一个下午在实验室做实验，需要写一份实验报告。有一个星期我们决定一起写一篇报告，但我们俩都声称这是自己的报告。我们在报告上署名LES。拉里的全名是劳伦斯·厄尔·苏伊达姆(Lawrence Earl Suydam)，他声称该报告是他的，因为署名是他的姓名的首字母缩写。我则声称那是我的，因为署名是我名字的字头简写。梅茨格教授很清楚是怎么回事儿，但他却无法找出如何解决这个问题的办法。最后，他给报告评分，简单地给了我们俩相同的分数。但我们知道，我们做错事不受处分只能仅此一回。

1958年，拉里把北方人浓厚的兴趣、热情和幽默感带到南泽西，成了我西红柿种植业务的副经理。我们俩一生都是朋友。

在罗格斯大学接受教育经济上非常划算。罗格斯大学不仅提供全额奖学金，而且农学院在非常受人尊敬的希利亚尔(Frank Helyar)院长的领导下，还给需要的学生提供了住宿机会。在经济大萧条期间，希利亚尔院长把占地约69公顷的农学院校园全部清查了一遍，将未被利用的空房腾出来给学生住。位于校园西侧的费尔普斯楼是一座古老的农舍，是农学院土地并购时一起买下的，可以供12名学生舒适地居住。我还住过一个名叫“塔楼”的地方，是昆虫学大楼上未被使用的楼顶。那里的墙壁大多是玻璃的，也许曾经做过温室。那里可容纳我们11个学生住宿。

这些集体宿舍的吸引力之一是我们有自己的厨房和用餐区。我们适当地交些伙食费。每个学生轮流负责一个星期的食品采购和做晚饭，这意味着每人一学期只要花一到两个星期的时间采购和做饭，便可享受各具风味的家乡菜。每个人都竭力准备自己母亲最拿手的菜。我们的膳食从不铺张，烹饪技能多种多样，我们真的吃得相当丰盛。晚餐是分享想法和经历的时光，也是晚自习前的小憩。

我们这群人中比较杰出的成员之一是吉姆·戴维斯(Jim Davis)，他是罗格斯大学橄榄球队的边锋。那时候，球员不分专攻或专守，他们攻防都在行。我对吉姆这个优秀运动员很好奇。而他由于从小在城市里长大，对我的农村背景和西红柿种植经营着了迷。

我们在学院农场居住，作为交换条件，每个人都承担一些校内工作。我的工作是每周两个晚上从晚7点到9点负责农学院图书馆的值班工作。这是一项理想的工作。因为被借出的书没有几本，并且晚上来访者也不是很多，这可是我做功课的好地方。

我在罗格斯大学读大二期间，有一个星期天下午在农场，当我正在打背包准备跟家里告别回学校时，爸爸从口袋里掏出一张10美元的钞票交给我，让我上学用。这完全是件意外的事，因为我们从来没

开辟新天地——布朗自传

说过要双亲帮助我上大学。他们仅仅勉强做到收支平衡，所以让他们帮助我上大学是我从未想过的事。我不记得我是否拿了那 10 美元。我希望我拿了，因为那样做会让爸爸感觉好一点。

在罗格斯大学，我对自己有了一些认识。其中之一是我擅长做自己想做的事，而自己不想做的事便做不好！我大学一年级时，代数是一门必修课。由于难以看到代数在西红柿种植中的价值，所以，我花在这门功课上的学习时间很少，我自认为自己在数学能力测试中能得高分，在期末考试时无论如何都能机敏地通过这门课程。但是，第一个学期结束后成绩单寄到时，我的代数成绩为 F。我不得不重修这门课程。

除了代数，我的专业总成绩应获得美国历史最悠久的农业荣誉协会阿尔法 · 泽塔协会会员提名。在各种资格赛中，要求写一篇命题科学论文。我的论文题目是调查“对氯苯氧乙酸对西红柿果实单性结实的某些影响”（Some Effects of Para-chlorophenoxyacetic acid on the Parthenocarpic Set of Tomato Fruit）。

上高中时，我一直可以边干农活边从事体育运动，并仍保持较好的学习成绩。上了大学我做不到了，因为课业负担很重，还要干一份兼职工作，在西红柿生长旺季经常在学校和农场之间往返奔波。体育活动便不得不放弃。虽然我大学一年级时在越野和田径队表现很好，但很显然，我不能保证所需要的训练时间。

在最近的一次谈话中，拉里 · 苏伊达姆使我想起，我们在大二的一个周末，他同我一起去布里奇顿帮忙耕地的事。我们是星期五晚上到的，星期六清早起床便开始耕我租的那块地。在回学校前，我们轮流开拖拉机耕地，星期六白天和晚上以及星期日全天都在干。我们的生活就像这样，是把上学和干农活结合在一起的，有时周末时间不够，农活干不完，我便不得不缺一两天课。

社会生活受时间和资源的限制，周末约会主要限于家乡的女孩。这个时期，我交往的女友是彭宁顿（Harriett Pennington），她后来成了一名放射科医生。同时，我们这群生活在学院农场的人组成了一个广场舞示范队，叫“罗格斯方块舞蹈队”。在室友莱因哈特（Karl Reinhardt）和广场舞召集人的带领下，我们在各种活动中演出。在59年后的今天，方块舞蹈仍然有很强的生命力。

虽然时间很少，我还是参加了罗格斯大学的校内摔跤比赛，这是校园内许多兄弟会摔跤队和其他团体摔跤队的比赛。在我大二时，我们学院农场组了一个队。我帮助组织和指导学院农场摔跤队的运动员。我们做得很好，但没有赢得比赛。在大三时，我们实力较强，轻松赢得了比赛。有人无意中听到兄弟会摔跤队的摔跤手在输给我们之后说：“那些农民很强壮。”

在三、四年级时，我们队完全主宰了比赛，几乎每一个重量级别的决赛都有我们的一名摔跤手。具有讽刺意味的是，我是学院农场摔跤队里唯一以前有过摔跤实战经历的人，因此我理所当然成了摔跤队的教练。幸运的是，校内摔跤比赛只要掌握基本的摔跤技巧就行了。一个小小的组织和集中精力是大有帮助的。农学院图书馆里自豪地摆放着我们的两座奖杯。

刚上大四我就意识到，我第一学期一结束就可达到毕业的要求。这就使得我可以选择一揽子有吸引力的农业教育课程，其中包括一个为期6周的实习教育活动。我很幸运地被分配到离农场约40分钟路程的一个进步的乡村学校乌特斯顿高中去当实习老师。讲授农业课程蛮有吸引力的，不仅是因为我喜欢，而且也因为假如我干农活受伤的话，当老师可以成为我的一种备选职业。

当大四到了最后的阶段时，我们不得不开始作出一系列接下来该做什么的决定。这时候，我们被问及是想拿“理学学士”还是“农业理学学士”学位文凭。绝大多数学生会选择理学学士学位，因为他们认为这将给他们提供更广泛的就业机会。但是，我们这一小群人，包括我在内，希望被认定为农业科学家。我们希望以农学家的身份而为人所知。这是一件值得骄傲的事。

开辟新天地——布朗自传

当我们临近毕业时，许多同学开始去各农产企业、新泽西州农业局或新泽西州鱼类和野生动物处进行工作面试。因为我有可能获得一份有吸引力的工作，那年我就没种西红柿。但是，到了面试的时候我却没去。种西红柿是我真正想要做的事情。

1955年春天毕业后，因为没有西红柿需要照管，我接受了一家大型种植和加工公司提供的一份西布鲁克农场卡车司机的工作，该公司离我家很近，此外，该公司是蔬菜冷藏行业的先驱之一。当秋天来临时，那是收获菠菜的季节。卡车跟在菠菜收割机的后面。机械切割的菠菜被送上一条自动扶梯式传送带运进像垃圾车那样的自卸卡车，只是它体积更大。当然诀窍是要求卡车总处在正确的位置上，这样菠菜就会落入卡车而不会掉到地上。那就是规定的作业技能。

在那年年底，也许是因为我开卡车的驾驶技能的关系，西布鲁克农场给我提供了一个萨利姆/乌特斯顿分场1295公顷的蔬菜种植园助理经理的职位。种植园的主要农作物是甜玉米、利马豆、豌豆、菠菜等。经理是吉恩·泰勒(Gene Taylor)，他是我在罗格斯大学的同学和朋友。农场整个作业都高度机械化。我们的员工有8个或10个拖拉机驾驶员和设备操作手，再加上机械师(他的工作是保证设备任何时候都正常运转)。有时候我们要日夜轮班，比如种利马豆或收豌豆的时候。总的来说，它是一种组织严密、科学先进的作业方式。

1956年1月1日，我开始在这个新岗位上工作。不过，我的这段职业生涯很短暂。霍夫迈尔[Kathleen Hoffmeyer，现在的彼得里(Petri)]是我们农学院班级里4个女孩中的一个，也是我多年的朋友，她顶替正在休假的皮克特(Kenneth Picket)负责坎伯兰县4-H俱乐部的工作，当她得知她可以为国家4-H俱乐部基金会管理的“国际农场青年交流项目”推荐一名本地候选人时，便推荐了我。几个月后我才得知，作为当选的10名刚刚毕业的大学生中的一人，我要到印度去，住在农户家里。

第五章

在印度乡村的生活

在成长过程中，我读过一些关于美国人出国旅游的书籍。其中最有名的是哈利伯顿（Richard Halliburton）的游记，描写的是他翻山越岭，长途跋涉，穿越沙漠或游过巴拿马运河的充满戏剧色彩的经历。还有一本有名的书是奥萨·约翰逊（Osa Johnson）写的，她和丈夫马丁（Martin）是探险家和冒险家。她的书《我跟冒险结婚》（*I Married Adventure*）讲述了他们在非洲和南海的生活，也激发了我出游的兴趣。现在我将前往位于地球另一面的印度村庄生活。我都等不及了。

这时跨洋旅行正经历从远洋客轮转向飞机的过程，虽然飞行仍处在低速、短程的螺旋桨飞机时代。我们一组 17 名青年农民出发前往印度、尼泊尔和巴基斯坦，先从纽约乘船，通过地中海和苏伊士运河到孟买。

从我得到被选为国际农场青年交流（IFYE）项目成员的通知到开

开辟新天地——布朗自传

始熟悉情况只有短短数月的时间。我在西布鲁克农场一直工作到出发，以便他们有充裕的时间找到接替我工作的人。我还跟里特尔工厂签订了种植 6 公顷西红柿的合同。

尽管卡尔和我不再是种植合伙人，在我离开的 6 个月中，他还是乐意在夏末替我照管、采摘我栽种的西红柿。

1956 年 7 月末，我第一次乘上飞机，从费城飞往艾奥瓦州的埃姆斯，来自 36 个国家的 175 名国际农场青年交流项目成员在艾奥瓦州立大学有一周紧张的情况介绍会。国际农场青年交流项目是美国与其他约 40 个国家之间的文化交流项目，由美国农业部、福特基金会以及各地方、各州农业技术推广部门共同发起，这是第二次世界大战后为促进各国间更好地相互了解而举办的众多交流活动之一。情况介绍会上有许多如何在另一种文化中适应生活的情况介绍和问题研讨，特别是关于与我们的文化有所不同的印度的情况。

出席本次为期一周的会议的人中，有印度、巴基斯坦和尼泊尔在美国交流的代表，我们见到的这些交流同行，他们当时正住在美国农户家里。当然，农场交流的时机是受季节所限的，在美国最佳时机是从春季到秋季。对于我们这些要去印度次大陆的人而言，雨季之后的 9 月去会更好。

在埃姆斯的一周会议一结束，我们便前往华盛顿特区，参加另一场一周情况介绍会。我在考虑乘飞机前往华盛顿时突然想到，我可以搭便车，省下机票钱。因为我个人的大部分资金都投在西红柿种植上了，这些西红柿尚未收获，每块钱都得算着花。我们组的另一位从密西西比来的成员厄尔 · 德雷恩(Earl Drane)也感到此想法挺不错的，所以我们便一起搭便车到华盛顿特区。

我们参加完最后一天的报告会后，大约于晚上 9 点离开埃姆斯。行程的第一段往北去芝加哥，乘坐的是拖着脱脂乳桶的平板牵引式挂车。由于驾驶室的舒适座位只能坐一人，挂车却并不满载，我便自告奋勇地坐到了后面有脱脂乳桶的挂车上。几个小时后，当我们快要到达芝加哥时，司机让我们下了车，这样便可以搭乘向东行驶的收费高速公路上的车。我们在高速公路的服务中心下车时是凌晨2点左右，我看见一辆车，挂着宾夕法尼亚州牌照，车里有一个人在睡觉。我跟厄尔商量去叫醒他，并主动帮他开车。虽然他有点迷迷糊糊的，但很快他就同意了。因为他住在宾夕法尼亚州东南部，所以我们最终在离华盛顿很近的地方下了车。

情况介绍会结束后，1956年8月17日，我们便乘坐希腊客轮“弗雷德丽卡女王号”从纽约出发前往孟买。当我们离开纽约时，我们发现被飓风“贝齐”一路紧跟，巨大的海浪打在甲板上，船身不断颠簸摇晃。有两天，我们处在风暴路径上，向东北方向艰难移动着横跨大西洋。驾驶台上测得风速一度达到每小时193千米。

船前后颠簸摇晃得如此剧烈，以至于船上的许多老船员都晕船了。不知什么原因，风暴对我倒没有什么影响。在风暴的第二天，我是早餐时露面的4名乘客中的一名。但随后，当我们的航线与飓风“贝齐”的路径分离后，穿越大西洋的其余航程就很顺利了。

在船上的时间并非都由我们自己掌控。我们都不得不学习印地语、乌尔都语、尼泊尔语——这要看我们的东道国是哪国——混杂着许多转移我们注意力的活动，诸如由我组织的拼字游戏比赛。船上的伙食非常好。

离开纽约7天后，我们穿过直布罗陀海峡进入了地中海，那里蔚蓝色的海水风平浪静，气温逐渐上升。我们在西班牙马拉加作了一次短暂的停留，以便上水、补充新鲜食物和其他给养。从那里，我们向东航行直到意大利的那不勒斯，然后换船继续去孟买的旅程。

在那不勒斯临时滞留了5天，使我们有机会参观附近的庞贝古城。我们中有几个人坐火车到了罗马，在两天紧张的行程中，参观了圣彼得大教堂、古罗马斗兽场、古罗马广场(遗址)和其他景点。对于年轻的美国农民(其中一些人的祖父母是定居移民)来说，接触到古代的欧洲真是大开眼界。

回到那不勒斯，我们登上了“维多利亚号”轮船，这是一艘开往新加坡的意大利班轮。当我们快到苏伊士运河时，我们了解到我们抵达时，向北航行的船队正开始穿越运河。我们得在那儿停泊一两天。有魄力的旅游公司会从停泊的船上现场截下乘客去开罗观光两天，然后到运河的南端与每个人原来乘坐的船会合。

我们大多数人几乎都没有离开过自己的家乡。我们去了通常的旅游景点，像金字塔，但亲身经历所得到的感受良多。这是一种几千年来一直在延续的文明。一天晚上，我们在月光下乘小船在尼罗河上荡漾的景象非常生动。我们了解到，船只在尼罗河平稳的水中可以顺流而下，但因为岸上的风是反方向吹的，它扯起风帆使小船逆流而上。我猜测，这条河的航运系统完全靠天然动力，既能上溯也能下行，在这一早期文明出现时及其悠久的历史中，该系统发挥了重要作用。

“维多利亚号”船长没有告诉我们，从苏伊士运河南端进入红海后，我们的船无法停靠接应旅游船，因为有许多船只紧随其后。于是，意想不到的事发生了，我们要爬上正在行进中的“维多利亚号”。我们的摩托艇开到船旁停下后，船员把扶梯放下来，让我们爬上大船。

离开红海后，我们继续朝东行驶，在当时英属、后归属也门的亚丁港停了一下。我们走进这个城市，目睹了比我们任何人曾经目睹的贫困更为严重的贫困。这是我们第一次见识到以后还会在印度的部分地区看到的情形。从那里，我们再次向东，穿过波斯湾口岸，然后沿着伊朗和巴基斯坦的海岸航行。我们在卡拉奇靠岸，将 5 位去巴基斯坦的代表放下了船。有好几个月我们都见不到他们了。剩下的人继续前行，有 10 人去印度、2 人去尼泊尔。

在纽约起锚后的第 27 天，我们到达孟买，前来接应我们的是领事馆农业官员塞勒斯(Roy Sellers)和国际农场青年交流项目驻印度分部主任雷辛哈尼(Raisinghani)先生(他毕业于加利福尼亚大学洛杉矶分校)，他欢迎我们到印度来，并给我们作了农业问题方面的简要介绍。两天后，我们乘印度航空公司的DC-3航班前往新德里。当我们降落时，见到一大群摄影师、记者和新闻摄影记者。我们以为在飞机上一定有什么名人，哪知他们是冲我们来的！当时，在印度的美国人不多，刚刚开始接待美国客人的印度人民非常热情。一时间，在新德里的每一位美国官员以及许多印度官员似乎都希望我们与他们一起喝茶或共进晚餐。

在新德里，我们还有一周的情况介绍会，这次是印度政府官员给我们简要介绍所要了解的村庄，以及如何处理各种可能碰到的文化问题，包括与饮食、服饰、语言以及宗教信仰等相关的问题。我在那一周了解到，为了选拔参加在墨尔本举行的1956年奥运会的摔跤队，印度将举行总决赛。我们组的另一位成员，美国俄勒冈州立大学的毕业生沃德·阿姆斯特朗(Ward Armstrong)也是一名摔跤手。他和我一起说服小组的其他成员，我们应该参加这次活动。

因为在印度没有多少外国人，我们便被安排在拳击场前缘位置。在比赛间隙，我们跟印度官员聊了聊摔跤以及美国大学生的摔跤活动。官员们马上有个想法，一旦他们的摔跤队被选拔出来，沃德和我就要演示一场美国大学生的摔跤比赛。因为沃德和我都没有带摔跤服，便向印度摔跤手借了摔跤紧身衣。观众很享受这次演示，对我们的比赛就像对他们队的选拔赛一样着迷。

出乎我们的意料，第二天早晨的报纸不仅报道了选拔产生的摔跤队，公布了前往墨尔本的各重量级别选手的名单，而且还刊载了一篇文章报道两位美国大学生摔跤手之间的比赛情况。广泛的新闻报道的后果之一是，我在印度乡村时不时会受到当地摔跤手的挑战。事实上，在我去的第一个村子，印度中部德干高原离那格浦尔约80千米的帕尔迪，就遇到了第一个挑战我的人。

开辟新天地——布朗自传

当我到场的时候，当地摔跤冠军蒙戈尔(Mongol)，一个笑口常开的友好家伙已经作好了准备。村民们不像美国那样，摔跤比赛习惯在垫子上举行，而是在一个摔跤坑里——一处浅凹的洼地，有散沙作垫以防摔伤。这可是村里的一件大事，周围数千米以外的村民都赶了过来，他们在一片嗡嗡的讨论声和期待中下赌注。

我试图估测自己的比赛前景，我考虑的是一般问题：经验、速度、平衡感、协调性和力量。从速度和平衡感看，似乎对我来说可能是一场平局。从协调性上看，蒙戈尔显然占优势，因为我已经旅行了几个星期，包括在船上的一段时间，那里没有训练设施。从经验看，我似乎有很强的优势。因为我至少比对手重约6千克，我也有力量方面的优势。蒙戈尔的一大优势是，在沙坑这种自然环境中摔跤是他熟悉的。过了好一会儿，我才习惯在沙上走动。蒙戈尔还有父老乡亲的支持，但我有一种感觉，至少可以这么说，我的房东一家是希望我获胜的。

比赛刚刚开始时，我们都比较谨慎，每个人都想在试图摔倒对手前先试试手感。错过一次摔倒对手的机会就可能给对手一次轻易摔倒你的机会。蒙戈尔摔跤摔得很好，但随着比赛的进行，我的经验成为决定性因素。虽然我们无法直接沟通，但都喜欢竞争和互动。我很高兴，因为比赛提供了一种与村民交流的方式，另一种可以相互联络的方式。

我在帕尔迪寄宿的家庭有8个孩子，7个女孩和1个男孩。男孩乔[Joe，贾瓦哈拉尔(Jawaharlal)的简称]曾经作为国际农场青年交流项目的成员去过美国，与我年纪相仿。有一个姐姐比他大两岁。还有一个姐姐在外地上中学。其他5个年龄从4岁至13岁不等。他们都会讲英语。

我的房东是村长，拥有村里最大一块土地。他是一个杰出的农民，曾经赢得全国水稻种植总冠军，得到的奖品是一部新的福特双犁拖拉机——与我弟弟和我几年前买的拖拉机一模一样。在一个完全依赖耕牛耕作的村庄，我能教他们如何使用拖拉机，这使我的地位得以提高。

能成为一个大家庭的一部分很有趣。到了晚上，年轻的女孩会用她们学校的石板教我马拉地语中的数字。我学会了从1数到10，而且直到现在还能够读得出来：*Ek*，*daon*，*tin*，*chaar*，*panch*，*sha*，*sat*，*aath*，*nuu*，*dha*。

我在这个村里待了3个星期，其间我参观过一两次当地的学校。学生们很高兴我参加他们的游戏。年轻人总是喜欢与成年人比赛，对他们来说，看着我设法掌握他们玩的那些错综复杂的游戏的要领是极大的乐趣。

在我待在村里的那段时间，我帮他们挖了一条灌溉主渠，干活时我像平常那样干劲十足。从邻村过来帮忙挖沟的人中，有一个农民显然对我的工作习惯印象深刻，他通过我的房东来说媒，要把自己的女儿嫁给我。为了让我同意这门亲事，他愿提供两块稻田。当然，由于这是一桩包办婚姻，我没有见过他女儿，也不可能马上谈婚论嫁。我委婉地表示我还要承担后面好几个月的义务，因此不得不谢绝他的慷慨提议。

在帕尔迪期间，我的房东一家是以素食为主的，刚开始，他们怀疑我是否能得到足够的蛋白质，所以房东问当地猎人（印度称shukari），能否打一头野猪给我们吃。第二天，猎人和另一位村民扛了一头野猪过来，重约56千克，是在附近的山上打的。他们把野猪的前后脚绑在一起悬挂在柱子上，然后将野猪——毫不夸张地说——摔到我脚下。现在该怎么办？幸运的是，我年少时在农场看过杀猪，两个或三个家庭一起杀猪和处理两头、三头或四头猪。虽然当时我还太小，不可能积极参与，但确实获得了一些屠宰猪的见识。

于是我们就去宰猪了。房东一家和我一起给猪放血、去毛，然后分割成各个部分：前后腿、颈肩部、肋骨等，我担心的一件事是旋毛虫病，这是一种猪寄生虫病，我们在罗格斯大学的一门课程里学过的。我不知道这种病在这里有没有，所以要将肉彻底煮熟后才能吃。房东家的一些人和我一起吃猪肉。实在太好吃了。

开辟新天地——布朗自传

然而，我们俭省着吃了几顿猪肉后，就出了事，因为没有冷藏设备或其他方式来保存猪肉，房东把吃剩的肉都用绳子串起来，晾在晒衣绳上狗够不着的位置。我有点疑惑，但是肉还是放在那里过夜了。令我惊讶的是，当我们第二天早上起来时，肉全都没有了。许多村民虽然是习惯素食的，但假如有肉，他们也会吃肉。

不久，我不得不向房东一家告别。我有些悲伤地从一辆牛车后面跟我印度的大爷、大妈、兄弟、姐妹挥手，他们已经把我当作自己人了。

然后我坐火车到印度南端，住在特里凡得琅附近的一个村庄，这个村庄位于喀拉拉邦，是热带印度最好的地方。这也是印度基督教人口最多的邦。在这里，我被当作村里的客人，而不是某家的客人，所以我没有像在帕尔迪那样与房东一家产生密切的私人关系。我花了大部分时间在该地区旅行，观察当地的农业，这里主要出产稻米和椰子。正是在这里，我学会了如何从秧田移栽秧苗到水田这种从日本引进的技术。

在访问喀拉拉邦期间，我开始感觉到，我没有看到这个国家真正贫穷的地方。有一天一位会讲英语的印度朋友和我决定出去吃午饭。我们计划在午饭时间搞一次突击家访，看看会发生什么。我们访问的头 5 个家庭正午都没有饭吃。

在第六家我们了解到，他们刚吃完午饭，但还留了一部分食物做他们的晚饭。他们把那些食物拿出来给我们吃。他们的午饭就是煮熟的用少量辣椒酱调味的木薯根。没有餐具，我们俩用手指从一个容器里捞着吃。木薯根虽然不是特别好吃，但能填饱肚子。然后，他们要我们留下来喝点儿咖啡。等水烧开时，我们发现主人不见了。不久，他带着从邻居那里借来的一只茶杯和一只玻璃杯回来了。当我们向这个热情好客的家庭道别时，我们为自己的午饭慷慨地买了单。

这些家庭都没有窗户，只有敞开的一扇门。房子是泥土地面，没有桌椅或橱柜，大家在地上坐，地上睡。他们的炉灶是用三块大石头垒起来的，支撑着一口锅。在这一地区，一般家庭都是晚上煮饭吃，然后吃剩下的部分就是第二天的早餐。而且，正如我们亲眼所见，没有午饭。

印度贫富两极分化明显，从这里我去了一个极其富有的人家。我乘火车一路向北，与门加布尔的王爷一起在印度北部的一个小社区停留，那里离尼泊尔边境不远。房东辛格(Raghocucha Pratab Singh)王爷是一个和蔼可亲的、有趣的人。他有两个孩子，均在外地上学。几年前，他妻子去世了。王爷的年纪在45岁左右，1.82米高，有点秃顶，还有点超重。

王爷的宫殿占地约3公顷。他有50个仆人。吃饭时，他让我坐在上首。5个仆人围着桌子站立着，随时准备为我们服务。如果我拿起一块面包，便有仆人坚持帮我在面包上涂上黄油。

早晨，仆人端着茶盘到我房间来叫我起床。即使早上穿衣也变得很麻烦，我不习惯由两个一点也不懂英语的固执的仆人帮我穿戴。

与王爷一起旅行时，我很惊讶农民对王爷的尊崇。殿下走近时，村民们几乎无一例外地停止手里的任何活计，一起拍手鼓掌，并恭恭敬敬地向王爷鞠躬。

虽然曾一度控制在印度国王和王公贵族手里的领地在1947年印度独立时已经被收归国有，但国王和王公贵族们仍保留了他们居住的宫殿以及宫殿周边不多的土地，并且政府将供养他们一生。有趣的是，当地人民需要谷物时，他们仍然来找王爷，他会给他们施舍。王爷仍然将往昔的王权视作无上的荣耀，即使他已不再统治这片他一度控制过的广袤土地。

我们在那里时，他主动提出要带我去印度—尼泊尔边境、喜马拉雅山脚下的德赖旅行。我们在当地旅游时，总选乘他的大象或别克车。游猎时，大象是显而易见的选择。

骑行他那头庞大的大象有两件事我还记得：一是坐的位子离地面相当高；二是大象走路时只有轻微的起伏，和在船舶上那种轻微的颠簸没有什么不同。除了偶尔能见到在路旁的鹿，我们没有看到过其他

开辟新天地——布朗自传

大型哺乳动物。我们见到过的就是附近的村妇，她们把采集的薪柴捆绑成束，稳稳地放在头顶上往家走。

住在王爷的宫殿时，我决定利用这个绝好的机会去离这里大约160千米的尼泊尔看看。王爷的侄子与我年龄相仿，我们一同上路了。我们先乘火车走了尽可能远的路程，然后骑自行车前行，再就是步行。

尼泊尔农村几乎全部在山区，没有道路，因此也没有轮子压出的车辙，这是件令人震惊的事。我们沿着狭窄的山间小道徒步进入该国，我们看到，有许多尼泊尔人扛着成捆的皮革、成筐的水果、成袋的稻米走在去印度的路上。那些返回尼泊尔老家的人则带回大桶的煤油。随着我们进一步深入尼泊尔境内，我们发现山地的矮种马和水牛都被用来运送物品。

关于尼泊尔人有三件事我还记得：他们身材瘦小但很结实；他们中的许多人有蒙古人的特征；他们的甲状腺肿发病率异乎寻常地高，这从普遍存在的甲状腺肿大情况就可看出。在这个多山的国家，饮食中缺碘，我们把碘盐的使用视为理所当然的事，但碘盐在这里并不容易获得。

总的来说，我受到印度各阶层人民非常友好的款待，无论是我寄宿的家庭还是政府官员。对于一个年轻的美国人来说，在印度村庄生活真是一次难得的机会，这是我们小组成员的共同感受。因为我分别在印度北部、中部和最南端三处寄宿过，所以从农业地理横断面看，我的研究涵盖了南方精耕细作的水稻种植区到北方的小麦种植区。这几个月永远地改变了我的世界观。

我在印度做过的事情之一是给家乡的新闻报纸《布里奇顿晚报》写专栏文章。虽然这不是通常的报纸专栏，但定期发送报告是对所有国际农场青年交流项目成员的要求。和王爷待在一起时，我得以认真思考我在印度的经历，并赶写我的专栏稿件。

从印度回国不像去时那么简单。1956年10月爆发的阿以战争导致许多船只沉没在苏伊士运河，这意味着我们返回欧洲的船票变成了废纸。华盛顿的赞助商又给我们预订了回程航班。在新德里，我们登上了环球航空公司(TWA)超级星座客机飞往欧洲。凌晨 2:30 到机场给我们送行的有一大群印度朋友和我们在艾奥瓦州见过的一些印度国际农场青年交流项目的代表。

天亮时，我们发现到了阿拉伯半岛荒凉、贫瘠的沙漠。我们飞到第一站——美国陆军基地、阿拉伯城镇达兰——给飞机加油。上午 10 点左右，我们到达伊拉克的巴士拉用早餐。然后，为了避开中东动乱地区，我们沿北部航线飞越土耳其白雪皑皑的山峦。希腊的雅典是我们的下一站，它接近冰点的气温跟我们刚离开的地方相比，真是冰火两重天。从雅典飞抵罗马后再飞到伦敦。

因为飞行比航行快得多，我们比原定要乘坐的从南安普敦启航开往纽约的“美国号”轮船早到欧洲 3 个星期。由于要在欧洲消磨这些时间，我们便分散成几个小组。来自爱达荷大学的、派往尼泊尔的代表汤姆 · 特雷尔(Tom Trail)和我决定结伴去旅行。我们离开伦敦，坐轮渡越过英吉利海峡去比利时，第一站是布鲁塞尔的青年旅馆。在布鲁塞尔待了一天后，我们前往拦海大坝和风车之国荷兰。

然后我们开始搭便车。我们有一些曾在美国待过的国际农场青年交流项目欧洲成员的地址。我们在德国高速公路上正准备免费搭车南下时，拦下了德国人驾驶的朝我们要去的方向行驶的几辆北约卡车。我们用英语问他们能否搭车一程，他们说不行，因为按规定禁止搭车。我们指出，作为美国的纳税人，我们正在为他们的活动出资，实际上，在帮着给他们支付薪水。经过七嘴八舌的一番议论，他们让步了，朝目的地方向载了我们很长的一段路程。

在欧洲大陆时，我们在瑞士阿尔卑斯村庄访问了一个家庭。这家有个女儿是到过美国的国际农场青年交流项目的早期成员，她带我们参观了瑞士的奶牛场。她还安排我们到一家钟表厂做私人访问，在那里我们见识了国际名表的组装过程。

开辟新天地——布朗自传

然后，我们去巴黎，那里有一位学农业的法国学生名叫德康波(Gerard de Campeau)，他带着我们在巴黎游玩了两日。圣诞节的前一天，我们与他一起离开巴黎，去他家在法国北部里尔附近的庄园与他家人一起过圣诞节。法国食物像瑞士的风景那样，是我们旅途中最好的。然后我们横渡英吉利海峡回到伦敦，再南下到南安普敦重新加入我们的团队，搭乘“美国号”轮船回到纽约。我与汤姆在这次旅行中结下的友谊使我们成为终身的朋友。

回到美国后，我们作为国际农场青年交流项目成员的职责之一是作报告，最好是用幻灯片讲述我们在东道国的生活。我的演讲题目很简单：“在印度乡村的生活”。我给服务性社团作了几十次报告，如扶轮国际和基瓦尼斯俱乐部，还给整个新泽西州南部的农场和教会团体作报告。由于从里格教授那里学习了演讲基础课程，我现在有机会通过听众检验那些演讲原则了。

经常要和听众互动的一件事情便是向听众演示如何穿莎丽。人们大多知道莎丽是一条约 3 米长 1 米宽的简单布条，先将莎丽缠于腰间，折上几折后斜披在一侧肩膀上，莎丽从身背后垂下。我常常邀请一位志愿者，最好是一名有吸引力的、愿意到舞台上来做我的演示模特的年轻女子。1959 年 1 月上旬，我在给一组刚从印度回来的国际农场青年交流项目代表讲解如何在演讲中使用幻灯片介绍国外生活时，选中了雪莉 · 伍林顿(Shirley Woolington)上台帮我演示。她是一名家在怀俄明牧场的有吸引力的、风度翩翩的金发女郎，脸上总是带着微笑，她引起了我的注意……并很快俘获了我的心。

每次作完报告后，妈妈总会把莎丽收起来，仔细清洗和熨烫。虽然她对我的印度之行的理解很肤浅，但我做什么她总是支持的。每当我要出去作报告时，莎丽总是已经准备好了。

在印度的生活是一段迷人的经历，但我没想到它会影响我的一生。我去印度时正准备种西红柿，并计划我的余生也就这样了。但回国后的一两年里，我意识到，那是不够的。在印度时，我就对人口压力问题非常敏感。虽然当时印度只有 4.16 亿人，但即使那时，它的人口似乎也太稠密了。我关心人口的快速增长，担心人口问题使消除饥饿和营养不良的努力徒劳无功，从而使孩子们失去身心全面健康成长的机会。

1958 年夏末，我决定向美国农业部外国农业局申请一个从事国际农业问题研究的职位。因为我已经结识了在新德里的农业参赞，而这正是我的起点。当我与外国农业局人事部门联系时，他们告诉我，那个职位需要具有农业经济学学位。对世界商品的价格、趋势和市场经济分析有赖于对经济学原理的运用能力。

我随后便申请就读马里兰大学农业经济系并被录取。不久，国际农场青年交流项目的汤姆 · 特雷尔成了我的室友，他正在攻读农业教育硕士学位。

9 月份一开学，我便只花钱不赚钱了，我决定推迟银行贷款的还贷，贷款不多，而且已经被用作种植西红柿的投入资金。银行想通过我爸与我取得联系，在我随后那个周末回农场时，爸爸转告了我这个消息。接下来的周末，我便守在那个银行职员的家门口，想进行一次周末拜访，但是当我到他家时，他已经外出用餐去了。我留了一封信给他 15 岁的儿子，这封信他可能转也可能没有转给他父亲。我本来想向他保证，我完全准备还清贷款。

接下来我所知道的是，银行给农场发了一个通知称，取消抵押品赎回权程序正在进行，该银行将出售我农场的设备，即我贷款时提供的作为抵押的东西正在被公开拍卖。我得知这个消息的时候，想要介入已为时太晚。这是尴尬的和完全不必要的，因为我本可卖掉拖拉机和设备来偿还贷款的。最糟糕的是，我失去了我在 14 岁还是个少年时搭建的鸡舍。这是一个经典的案例：生活中可能有很多问题，而这是那个没有解决好的问题。

这是我生命中的低谷。我对自己感到失望。我计划中的薄弱点是，我没有预料到加入外国农业局需有农业经济学学位。因此，最大

开辟新天地——布朗自传

的挑战便是，在我耗尽积蓄之前，设法将硕士学位要求的所有课程全部挤在9月到次年5月的9个月内通过，并写出一篇学位论文。我将第一个学期用来追赶其他本科原是经济学专业的研究生。在第二学期，我面临的挑战是完成课程的学业要求，并写好论文、完成论文答辩。

农业经济系的行政人员没有预料到会有人仅仅两个学期便完成了硕士学位学习，所以他们没有安排给我发文凭。因此从严格意义上说，我要等到夏季才能毕业。但因学位要求已经满足，1959年6月1日，我被聘到外国农业局任职，在亚太分部报到上班。

同时，在第二个学期的为期一周的春假里，我开车去怀俄明州看望雪莉，试图说服她来东部工作，那样我们可以有更多的时间在一起。几个月后，她在马里兰州东海岸的乡村安妮公主小镇找了一份县级农业代理助理的工作。这样我们就能在一起度周末了。1960年初，我们决定结婚。婚礼是在华盛顿特区市中心的万灵唯一神教堂举行的，由里布(James Reeb)牧师主持，我们俩对他的人权工作都十分钦佩，他同雪莉一样，也来自怀俄明州。令人伤心的是，几年后，他在参加争取亚拉巴马州塞尔马公民权利的游行时，后脑勺被一根大棒击中，不幸身亡。

1960年，我们在新泽西州的农场过了感恩节。雪莉有点早产的症状，因为我们在穿过一片玉米地时她被绊倒了。我们俩都没有当回事儿，但就在我们分别回到安妮公主镇和华盛顿后不久，星期一一大清早我接到雪莉的电话，说我们现在有儿子了。他虽然提前6周降临人间，但体重达到了健康的2.7千克。我迅速登上一辆公共汽车，从华盛顿赶到安妮公主镇去。

在看了雪莉并确认她身体状况良好之后，我便去育婴室见布赖恩，我们的儿子！我对他寄予厚望，但即使我最疯狂的梦想也并不包括他有朝一日会成为世界一流的皮划艇运动员。

然后，我们必须变得实际一点了。由于布赖恩早产，我们缺少若干必需品，所以我去采购了所有的婴儿用品：奶瓶、尿布、婴儿摇篮，还有所有相关的东西。雪莉工作到年底的计划也不可能实现了。我们把所有的东西打好包回到华盛顿地区，在马里兰州塔科马帕克找到一个让我们感兴趣的地下室公寓，那就是我们未来几年的家。

开辟新天地——布朗自传

第六章

印度季风降水减少

有时候，人的一生会因某些特殊事件而发生改变。在印度 6 个月的生活经历曾改变了我，离开印度 9 年后又发生了一件对我的人生有影响的事。1965 年秋，美国国际开发署(AID)驻新德里机构要求美国农业部派人帮助其评估印度下一个五年计划中农业部分的早期草案。于是，农业部长奥维尔 · 弗里曼决定让当时做其国际农业政策顾问的我去完成这项任务。

几乎就在我刚刚抵达新德里、正要开始着手评审这份印度农业草案时，却有另外的事引起了我的注意，即：那一年印度的谷物收成状况。据印度官方估算，1965 年印度的谷物需求量是 9500 万吨，但很快我便开始怀疑，印度的谷物收成是否能与这个数沾得上边。每天上午，我都照例浏览几份报纸——在新德里就看《印度时报》（*The Times of India*）、《印度教徒报》（*The Hindu*）、《印度快报》（*The*

Indian Express）和《印度斯坦时报》（*Hindustan Times*）——从报道中我发现，这个国家的每个角落几乎都在发生旱灾。尽管这个气候多样化的国家有些地方总是发生旱灾和洪灾，但1965年印度的旱灾却似乎是无处不在。

还有其他一些零散信息更加重了我对谷物预期收成的担忧。到新德里后不久，在一次晚间招待会上，我见到了埃索公司（现为埃克森美孚公司）印度分部的负责人。我随口询问他印度分部的营业情况，他称非常好——因为农民为挽救作物不断用灌溉水泵抽水，柴油的销售量比前一年度几乎多了一倍。另外，美国大使馆有一个职员是我在新德里期间想见的人，他原本说要去休假，结果当我到达新德里时他居然还在。他是一个狂热的野鸭猎人，到了秋天就会休假几周北上去湖边打野鸭。但是那一年他没有去休假，因为湖水干涸了。

此外，有一个为AID工作的农学家，他曾游遍印度乡野，旅途中往往会停下车来，在乡间采集土样，这是他的一个爱好。但是，他跟我抱怨说，再也找不到好的岩心样本了：土壤都干得变成了粉状，他把钻往回拔的时候土都漏掉了。这可是我从事农业这么多年从未见过的事。

我把这些事和其他的事考虑了一番，又将地方官员对印度各州各地区作物损失的新闻报道进行汇编后，便确信印度正面临着一场巨大的作物短缺危机。另外，由于美国是世界粮食头号供应商——还是唯一能够考虑如何填补这种规模赤字的国家——我有必要给弗里曼部长发一份紧急电报告警。当时已经是11月初，如果没有任何预警和准备，大量谷物的运输问题就会成为难以克服的困难。至于那些预期的巨大的潜在赤字，部长大人需要尽快获取信息，因为从堪萨斯的谷仓调集小麦并运达新奥尔良和加尔维斯顿港口是要花时间的。假如我们不得不展开大规模的粮食救济工作，只要有足量的港口，就可以迅速将谷物装船运走。

开辟新天地——布朗自传

如果我打算发出这样的告警，那就有必要估算赤字规模有多大，尽管我们只有一些零星数据。如果我估算得过高，美国的准备就会超出所需而造成浪费。但是估计过低又可能导致饥荒。我给弗里曼写了一封措辞简单明了但恰如其分的电报，电文如下：

> 经一周研究，我的结论是印度作物产量比印度官方提供的数据少很多。我相信，作物歉收将导致严重的粮食危机，也许这是近代历史上最为严重的。
>
> 作物歉收不是局部的。印度雨季缺乏降水是全国范围的，几乎每个邦都受到影响。昨晚我与印度食品部长迪亚斯(Dias)的私人会谈证实，情况的确严重。
>
> 上述快速发展的形势表明，我们可以根据我们的立场考虑库存水平，可以用高粱补充小麦，并应当在最严重的危机到来之前，马上利用印度港口尽可能满负荷地往各地运送粮食。
>
> 预计要将印度4.8亿人的生活维持到下个收获季，需要从各方面进口1000万到1500万吨以上谷物。

我拿着准备发送的电文，星期六一早便去找大使馆主管官员，却被告知电文必须得到正式批准，因此最早要等到星期一早上。未经鲍尔斯(Chester Bowles)大使或可代行其职责的人批准的电文，大使馆是不能发送的。

我突然意识到我要做的事不合规矩。我并非大使馆工作人员，却做了应该是大使馆做的事——对谷物赤字进行了估算，并且还想用大使馆的通信设施来发送他们不了解或未经批准的信息。

后来我才了解到，星期一上午，使馆人员对这份与他们发出的信息有很大出入的电文是否应该发出进行了讨论。毕竟，我并没有被要求评估收成情况。电文内容不在官方指派的工作之列。我听说在那次会上，AID项目主任约翰·刘易斯(John Lewis)争辩说，我的那份电文如果不能通过官方渠道发回美国，他敢肯定，我会通过私人渠道把电文发给弗里曼。因此，他认为还是通过大使馆发出比较好。这场争论他赢了——电报稿照原样发出，但是在原稿底部另附了一行黑体字的说明："国家小组关于印度粮食状况的单方面预备信息。"

这份电报实际上是在星期三，即 11 月 10 日发给华盛顿的。一周后的星期五，我收到了弗里曼部长的电报，内容简短而神秘："请明早到罗马来见我。"他要在罗马参加由联合国粮农组织主办的、两年一度为期一周的农业部长会议。

我当即要求会见我的朋友、我一直很尊敬的印度食品与农业部长苏布拉马尼亚姆(C. Subramaniam)，告诉他我的评估结果。我劝他到罗马后别怠慢了，除非他确信我大错特错，否则就会使美国方面行动迟缓，使印度赈灾所需的谷物不能按时运达。他赞同我的意见，因为他也已经开始意识到粮食供应方面有潜在的巨大赤字，只不过他没有说出具体有多大。

然后，我又提出一个请求。因为第二天要在罗马与弗里曼会面，我需要一个印度航空公司当晚飞往罗马的航班的座位。航空公司说航班已经满员。苏布拉马尼亚姆部长安排我上了飞机。

当我在周六上午见到弗里曼时，他说他已经将我的电报内容告知林登 · 约翰逊(Lyndon Johnson)总统。我分析的内容正是约翰逊总统深为关切的：印度由于全神贯注发展工业而忽视农业生产，并且以为美国会填补由此产生的谷物赤字。如果继续这样下去，只要作物歉收，印度就会非常依赖美国，与此同时，还有几十个其他国家也依赖美国谷物，这是非常危险的。

约翰逊总统知道，如果印度农业照当时的状况继续发展下去，美国最终会无法满足印度对谷物的需求。能够在粮食短缺时暂时起缓冲作用的谷物库存量毕竟是非常有限的。当一名印度官员被记者问及印度的谷物库存是否丰足时，这位官员回答说："我们的储备在堪萨斯的谷仓里。"

印度这个人口比美国多一倍多且人口年增长 1000 万的国家，对粮食安全的这种毫不经意的想法给了约翰逊总统以警示，从而使美国在粮食援助上采取了"拉紧拴绳策略"(short-tether policy)。约翰逊

开辟新天地——布朗自传

总统还要求弗里曼部长得到印度发展农业——而且要快速发展——的承诺。美国后续的任何粮食援助都将视情况而定。约翰逊总统没有知会美国国务院，便将这个任务交给了农业部长，这正反映出他对美国国务院，或者至少对鲍尔斯这位由肯尼迪总统任命的素来就“对印度手软”的大使缺乏信心。这就是为什么我会被急召去罗马的原因。

印度一场大饥荒发生在即。我想确保两国政府都理解当前局势的严重性和紧迫性。在这种情况下，两国政府都不会以人的生命这么高的代价来做赌注的。

弗里曼和苏布拉马尼亚姆之间的会谈实际上延伸成了几次会议。这些会议是在私人场所——美国驻意大利大使莱因哈特（Frederick Reinhardt）的住所——举行的。这样做的目的是为了保守会议秘密，并避开那些机警的、很可能已经产生了好奇心的媒体记者。

周一上午，弗里曼、苏布拉马尼亚姆和我一起讨论了当时的情况。他们要我基于此次讨论起草一份两国之间的协议草案。那天午夜时我写出了一份草稿，第二天上午便分别提交弗里曼和苏布拉马尼亚姆审阅，并作为继续讨论的基础。在以后的三天里，我们每天反复进行讨论，然后改写协议草案。这份草案很简短，只有三页纸、双倍行距。

我很清楚印度必须做什么。印度政府为满足城镇人口的需求而采取的小麦和水稻征收价格上限的政策，必须被价格底限政策所取代，以确保农民愿意种植谷物。如果要农民投资购买灌溉水泵、化肥和进行土地改良，他们就必须清楚，在收获季节作物出售的价格至少可以弥补所支付的成本。

化肥供应量不得不迅速增加。这意味着化肥生产从公立部门转向私有部门。公立部门建化肥厂平均要花 9 年时间——正是这种十分落后的管理造成了化肥短缺。

我还了解到，诺曼·博洛格（Norman Borlaug）和他的同事们在洛克菲勒基金会的资助下，最初在墨西哥培育出的高产矮秆小麦品种已经在印度进行了试验并且有非常好的表现。在等面积的麦田里消耗等量的水，高产麦种的产量是传统麦种产量的两倍，印度需要加速推广这种麦种。为了缩短在试验田里花很多年繁殖种子的耗时过程，我们建议，印度政府直接从墨西哥进口1—2船麦种，尽快交到农民手中。

我们就这些重要问题达成协议后，弗里曼立即电传一份草案给约翰逊总统请求批准。总统立即批准了草案，而弗里曼部长很快签署了只要印度同意改革、美国基本上承诺向印度提供大规模粮食援助的协议。尽管原来我只是受大使馆之邀，对印度即将到来的下一个五年计划的农业部分作评估，但实际上我却为印度撰写了一份新的农业计划——一份大使馆并不知晓的计划。

这是有区别的。印度政府的农业计划是一份长长的、尽是繁文缛节的官僚文件。我写的新草案只有几页纸，仅对关键举措进行了描述，但是强调了美国小麦援助与印度新粮食生产战略的实施之间的联系。印度季风降水减少和谷物即将出现的巨大赤字改变了一切。

没有夏斯特里(Lal Bahadur Shastri)总理的同意，苏布拉马尼亚姆不能签署这份协议。弗里曼要求我返回新德里与鲍尔斯和刘易斯会晤，向他们说明，如果夏斯特里或苏布拉马尼亚姆代表印度签署了这份协议，印度方在实施中应履行的职责。

有个小插曲。当我星期五晚上赶到罗马机场时，因为我没有签证，环球航空公司不让我登上飞往新德里的飞机。原来，我去印度的签证是一次性签证。幸运的是，时任印度信息与广播部部长的英迪拉·甘地(Indira Gandhi)因接受一项奖励而出访意大利。她周四晚上参加了印度驻意大利大使为弗里曼部长举办的一个小晚宴，而我也参加了。由于我在饭桌上曾与她有过短暂的接触，当她和随行人员正准备登上和我同一班次的飞机时，我决定找她想办法。我向她说明了当时的情况，并请求她是否可以出面干预签证的事，帮助我登上这班飞机。在她的介入下，环球航空公司让我登机了。

返回新德里要完成的任务有点让我畏惧。那时我刚31岁，离开

开辟新天地——布朗自传

农场也才 7 年，要与美国大使和 AID 项目主任会晤，我感到很不安。令人敬畏的、正效力于约翰逊总统的鲍尔斯大使曾效力于罗斯福、杜鲁门(Truman)、肯尼迪总统。第二次世界大战期间他除了在价格管理局担任要职外，还担任康涅狄格州州长和国会议员。1961 年，鲍尔斯在肯尼迪总统任期内给美国国务卿腊斯克(Dean Rusk)当副手后，二度赴任印度大使，他在杜鲁门后期就曾就任印度大使。而 AID 项目主任刘易斯是一位广受尊敬的发展经济学家。我没有理由认为这次会面会轻松。

刘易斯一副镇定自如的样子，鲍尔斯则彬彬有礼，他对自己被绕过谈判的事几乎没有什么怨言。我将一周前匆匆忙忙的罗马之行向他们作了简要的解释。在描述完谈判周的情况后，我从自己里面穿的夹克衫口袋里取出一份经约翰逊总统批准、弗里曼签署的协议副本。鲍尔斯甚至都不是协议的签署者。

会谈很简短。我清楚，约翰逊总统在罗马召开会议，明确要求我们同苏布拉马尼亚姆进行谈判并签署协议，就意味着局面是可控的。鲍尔斯和刘易斯对此显然并不乐意，这并不是一次充满热情的会谈。然后，我不得不等待印度方面的回应，并拿到夏斯特里总理或苏布拉马尼亚姆签署的文件。至少那是我希望的。

苏布拉马尼亚姆正身处困境。显然，他不能承认自己是被迫与美国人达成协议的，而他应付这种情况的手段很高明。他提交的印度农业新计划中包含了协议中所有的关键问题。实际上，他说：我们的农业遇到了麻烦。我们可能面临谷物的巨大赤字，有可能是一场生死浩劫。这正是我们需要做的。

他是一个受欢迎的政治人物，也是印度内阁一位有分量的成员。他声称如果计划不被采纳，他就会辞职。经过两次内阁会议讨论，尽管财政部长竭力反对，但他的印度农业新计划获得了批准。他随即签署了协议，这份协议由我带回了华盛顿。

印度人没有预料到，约翰逊总统采用粮食援助这一“拉紧拴绳策略”，将在多大程度上迫使印度政府坚持履行协议上的每一项措施。我们对相关措施须在何时得到履行要做到心中有数并把握好时机，如果措施没有按时得到履行，货船就不会离开美国港口。印度人过了一段时间才认识到，约翰逊总统对印度的改革是非常认真的。在以后的几个月里，货船有好几次在途中停了下来，因为印度方面没有如约履行协议，直到印度方面兑现承诺后，这些货船才又继续航行。与我密切共事过的美国农业部副部长施尼特克尔(John Schnittker)主持参与了“拉紧拴绳策略”工作。

实际上最大的挑战是，在一年之内要进口 1000 万吨谷物，此前印度的进口量从未接近过这一数字。为了评估是否能够和如何及时将如此巨大数量的谷物运走，部长大人给美国农业部的物流专员打电话，他们第二次世界大战期间曾在陆军军需部服役。他们在战争期间是将装备和武器从甲地运往乙地的指挥官。他们有无穷无尽的聪明才智。

他们租用了当时最大的超级油轮之一“曼哈顿号”，从而大大提高了印度的港口吞吐量。然后把孟加拉湾用作货港，让比足球场还要大的轮船在这里抛锚。装载着谷物的美国大油轮驶进港湾后，先用传送泵将谷物送到甲板上，再卸载到当地叫做 dhow* 的长约 9 米的平底小帆船上。几千只小帆船把谷物经恒河及其支流运送到印度旱情最严重、饥荒风险最大的地方去。这项运输任务完成得非常成功。

还有一项创举，就是用于在堪萨斯州、俄克拉何马州和得克萨斯州谷仓装载谷物的那些专用火车，它们将小麦直接运送到加尔维斯顿和新奥尔良港口。车厢只要一被卸空，火车就立刻调转车头，如同奥维尔·弗里曼所描绘的那样，“一路飞奔回谷仓再装上小麦”。只有那样，我们才能非常迅速地将小麦输送到出口地去。在接下来的那一年里，美国在印度政府的紧密配合下，将 1000 万吨小麦从美国的大

开辟新天地——布朗自传

* 阿拉伯、印度、东非沿岸航行的独桅或双桅三角帆船。——译者

平原绕过半个地球运送到了印度的城市和乡村。

印度1965年的最终收成数据显示，谷物收成为7700万吨——比原来预计的消费量少1800万吨。美国那一年用船将全美1/5的小麦收成运送到了印度，以避免饥荒的发生。在那时，这是有史以来两国之间最大规模的粮食输送，动用了约600艘轮船，几乎每天都有两班满载小麦的轮船从美国的港口驶往印度。用单一物流经营中货船数量的计量方式来计算，这次输运在货运史上一直名列前茅。从美国到印度的这次创纪录的粮食流通，可能避免了一场历史上最严重的饥荒。

1965年末的那种情况，我非常清楚必须如何应对。我没有感到过丝毫犹豫。大量被积压的农业技术在印度得以发挥作用，帮助印度消除饥饿并避免了未来发生饥荒的威胁。我当时还注意到，新技术不可能解决粮食问题——它们只能争取时间以待人口增长减缓。

随着新的农业发展战略的实施，印度小麦收成在7年内翻了一番，创下了农业生产大国主食产量增长的纪录。任何国家，甚至包括美国，都没有经历过如此高速的增长。

对美国而言，这是一个绝佳的时机。因为不仅几百万条生命得到了拯救，而且约翰逊总统看到了以大幅度提高土地生产率的方式重构印度农业的一个难得的机会。我的职责就是找出使印度农业转入蓬勃、快速发展阶段所需的措施并将其纳入到协议中。对于一个初出茅庐的公仆来说，这是一场令人兴奋的体验。

去罗马之前，我在和苏布拉马尼亚姆会面时指出过，印度农业的历史表明季风降水的减少有集群趋势。某个雨季一旦出现季风降水减少，下一个雨季降水少的可能性会高于平均概率。

对此心知肚明的美国国务院政策规划委员会主席罗斯托(Walt Rostow)决定召开援助捐赠国会议，向各捐赠国介绍美国向印度提供庞大的粮食救济工作的进展情况，并对1966年的收成前景进行讨论。为期两天的会议定于1966年4月4—5日在巴黎召开。我应邀在会议第一天上午作开场报告，概括介绍情况，然后在第二天会议结束时作总结报告。

在家中，我的妻子雪莉正怀着我们的第二个孩子。我们本不担心时间问题，因为孩子的预产期是在三月份的最后一周，恰好在我的生日3月28日前后。但是，预产期到了并且都过了，我们还在等着。最后，尽管孩子还没有出生，我却不得不登上去巴黎的飞机。我只能期望这个孩子能一直等到我3天之后返回后再降临人世了。

我的开幕演讲令人鼓舞，演讲的重点问题不是粮食，而是人口——计划生育的重要性与人口的最终稳定。当天晚上，大使馆主管官员将一份电报送到我房间："女孩，3180克，一切都好。雪莉。"现在，我的记录是二分之零。我错过了布赖恩的出生，现在又错过了布伦达(Brenda)的出生，太遗憾了！

我决定第二天乘飞机返回，但是因为飞机上午晚些时候才起飞，我上午还可以给这次会议作个初步的总结，并再次呼吁行动起来是当务之急。重新安排我的报告的原因被公之于众。我告知参会的听众，布伦达是我的第二个孩子，并且将是我们夫妇生的最后一个孩子；两个孩子相差5岁。我说，这就是计划生育。

当1966年季风开始时，罗斯托打电话给我，看我是否了解季风的情况。幸运的是我早有安排，每周五我都通过新德里大使馆发来的电报获得降雨量报告，并用这些资料手工绘制出显示各州累计降雨量的彩图。我给罗斯托送去了一份日期最近的彩图，以便他对所发生的情况有直观的了解。这下可坏了！从那时开始，他要求我每周都为他绘制一份彩图。

1966年的季风也比较弱，这已不足为奇。美国又动用了几百万吨谷物来填补粮食缺口。但是这一次的工作进行得非常顺利。改革措施按期得以实施，而我们也算出了往印度输运大量谷物的物流量。

在肯尼迪—约翰逊时期，弗里曼就任农业部长的8年里，美国农业部的特征之一是，日益增多地参与了国际农业发展。1964年，与AID协同工作的美国农业部设立了一个新的机构——国际农业发展处

开辟新天地——布朗自传

(IADS)，由自 1962 年在越南任 AID 食品和农业官员的农学家德罗斯多夫(Matthew Drosdoff)出任该机构第一任负责人。与外国农业局开发美国农产品市场的职责有所不同的是，国际农业发展处的目标是帮助第三世界国家发展农业，在很多国家，AID 将其计划中的农业部分转包给国际农业发展处。

1966 年，美国农业部决定让国际农业发展处在政策方面发挥更大的作用，弗里曼部长任命我为国际农业发展处行政主管。我毫无心理准备，但是我既高兴又感到荣幸。

两年前，由美国农业部各机构抽调出来人员非常迅速地拼凑出了这个部门。不幸的是，这意味着这些部门抽调过来的员工常常是些工作不很得力、快要退休的人。为了使得这个部门工作更有效率，我从外部聘用了一些有才华的年轻职员，包括德斯特勒(I. M. Destler)(获普林斯顿大学公共管理硕士学位)、阿博特(William Abbott)[白宫学者，曾任《哈佛法律评论》(*Harvard Law Review*)编辑]和《发展文摘》(*Development Digest*)主编威廉·琼斯(William Jones)。我还从农业部内部聘用了舍尔茨(Lyle Schertz)和达尔林普尔(Dana Dalrymple)。

作为政府部门最年轻的机构负责人，我要尽快学习很多东西。为了得到帮助，我从罗马大使馆请来了经验丰富的伊莱尔(Mollie Iler)做我的行政助理，我们同印度的协议，每一份草案都是他起草的。我们具有的优势之一是，在项目设立或项目实施中可以调用美国农业部 16 个机构的大量专业技术人员，比如林业局的林业专家，土壤保护局的农学家，农业研究局的植物育种专家，以及其他十多个机构的专家学者。

我们在 39 个国家的当地项目范围很广，包括在塞内加尔扩大水稻生产，在肯尼亚种植玉米高产品种，在巴西组织农村合作社，在坦桑尼亚帮助马萨伊人改进畜牧业管理等。由于谷物高产品种在印度的成功种植，我们积极努力将这些高产品种引进到其他国家。管理国际农业发展处是复杂的，因为我们的工作要协同 AID 与东道国的政府、官员和农民。此外，我自己还要继续履行此前为部长提供国际农业政策咨询的职责。对我而言，这是一个压力大、需求也大的时期，也是一个紧张学习的时期，不过，最重要的是，这是一个多方面同时促进农业发展的机遇。

我在国际农业发展处负责了两年，1968 年尼克松（Richard Nixon）当选总统，我清楚我不想在尼克松政府任职。1969 年 1 月，在尼克松上任的前一周，我辞职离开了政府办公室。令我十分遗憾的是，尼克松解散了国际农业发展处，理由是美国农民不愿意美国农业部帮助其他国家发展农业来与他们竞争。

我从 1959 年开始在美国农业部工作，一直到 1969 年初离开。这 10 年是非常紧张而有意义的。1959—1966 年期间，我的公职级别从 GS－7 提高到 GS－18，并担任了机构负责人。这个时期，没有人获得的机会比我更多。从那时建立起来的很多友谊也一直延续至今。奥维尔·弗里曼直到 2003 年他 84 岁去世时都一直与我关系密切。在这位部长的追悼会上，他的儿子迈克·弗里曼（Mike Freeman）还特别提到了我，称部长早就视我为他的第二个儿子。

我离开了尼克松政府，但是我并没有放弃我的终身事业。此后的岁月我将在几个研究所度过，从事有关全球环境问题的越来越多的研究和写作工作。

开辟新天地——布朗自传

第七章

转折：海外发展委员会

我已经顾不上过多考虑如果汉弗莱(Hubert Humphrey)选举失败我该怎么办。也许这些根本就无妨。1968年大选后不久，AID的高级官员詹姆斯·P·格兰特(James P. Grant)来找我，他早年担任AID驻土耳其项目主任时，曾与我共事多年。有一批美国舆论领袖和吉姆(Jim)* 联系，他们想创建一个专注于第三世界发展且美国能在其中发挥重要作用的研究组织，问他是否愿意出任该组织的负责人。

马歇尔计划取得非凡的成功后，美国公众对国际发展的支持正逐渐减弱。这些人想创建一个名为海外发展委员会(ODC)的组织，就是想扭转这种趋势，恢复美国对国际发展行动的支持。这些目标与我想

* 即詹姆斯·P·格兰特。——译者

要做的事非常契合。

吉姆说如果我能同他一起干，他就担任这个职务。尽管他有丰富的发展中国家工作经验，但是研究经历并不太多，因此他在寻求帮助。吉姆给我提供了副主席的职位，但是一直在管理职位上任职的我却表示，更愿意做一名高级研究员，集中精力做研究。我当时正思考许多问题并想写一些文章。吉姆理解我。几周之内，我们就签订了一份租赁合同，租下了位于华盛顿智库街中心、马萨诸塞西北大道 1717 号的办公场所。1969 年 1 月，海外发展委员会成立了。

在美国历史上，这个时期是特别动荡不安的。1969 年，美国实现了肯尼迪总统 1961 年大胆作出的 10 年内美国人将登上月球的承诺。从外层空间拍摄的地球图片提醒我们，政治疆界不过是人为构建的，从太空看根本就不存在。

而对我们所做的一切来说，充满争论和分歧的越南战争也只是政治背景的一部分。以美国为首的西方集团与以苏联为首的东欧集团之间的冷战是这个时期的主要问题。1949 年共产党当政后，一直非常孤立的中国正显现出对外开放的迹象。

在我负责国际农业发展处期间，在越南我们有最大的海外技术支持团队，共计 200 人之多。我首次访问越南期间，大使馆安排了一次由两名与我年龄相仿的陆军中尉主持的新闻发布会。新闻发布会充斥着地图、图表、军队数量、死亡人数统计和美国战略概述，我记得当时感觉这个战略太肤浅——不是什么制胜战略。像其他许多人一样，我开始疑惑我们为什么要去那里。

在美国国内，20 世纪 60 年代出现了反正统文化，反正统文化者大部分是中上层阶级的年轻白人，而且大多都大学毕业或肄业，他们要挑战现状。他们反对越战，支持在性别和种族上更加平等，并想要自由体验毒品。社会人类学家安德斯(Jentri Anders)把这一运动的目标概括为“自由探索人的潜力，自由创造自我，个人言论自由，摆脱日程安排的束缚，摆脱被严格定义的角色和等级制度的束缚”。

在经济方面，20 世纪 70 年代初期谷物价格飞速上涨。这始于 1972 年夏季，面临谷物灾难性歉收的俄罗斯通过秘密收购大部分可供出口的小麦供应，垄断了世界小麦市场。当这变得尽人皆知时，小麦价格飙升，粮食价格也随之猛涨。曾经稳定的价格几乎在一夜之间就变得飘忽不定。

此后不久发生了阿拉伯石油出口禁运，石油价格就上涨得更加厉害了。汽油变得稀缺起来。电视台将加油站排着的汽车长队当作焦点新闻。1950 年至 1972 年，用 27 千克小麦可以换来一桶油，但是单单 1972 年至 1974 年间，小麦的价格就翻了一番，而石油的价格翻了两番。到了 1980 年，用 162 千克小麦才能换来一桶油。从研究的角度看，这些正是我所关注的问题，是我的兴趣所在。

由于对未来越来越没有把握，人们渴求新见解。分析家们试图预言未来，他们写了大量的书，包括《未来的冲击》(*Future Shock*)。作者阿尔文(Alvin)和托夫勒(Heidi Toffler)在书中讨论了技术快速变化造成的后果。其他有影响的探讨技术加速变化的后果的书籍还有布热津斯基(Zbigniew Brzezinski)的《两个时代之间》(*Between Two Ages*)和拉普(Ralph Lapp)的《对数世纪》(*The Logarithmic Century*)。

1962 年，卡森(Rachel Carson)《寂静的春天》(*Silent Spring*)一书的出版驱动了现代环境运动。1970 年，首个“地球日”纪念活动举行。很多书籍随后很快就出版了：赖克(Charles Reich)的《绿化美国》(*The Greening of America*)，福尔克(Richard Falk)的《这个濒危的地球》(*This Endangered Planet*)和康芒纳(Barry Commoner)的《封闭的循环》(*The Closing Circle*)。接下来就是 1972 年由唐内莱 · 梅多斯(Donella Meadows)、丹尼斯 · 梅多斯(Dennis Meadows)、兰德斯(Jørgen Randers)和贝伦斯第三(William W. Behrens III)合著的《增长的极限》(*The Limits to Growth*)。其他一些书早已开始暗示经济增长受到潜在的约束，但是它们只掀起了风波，《增长的极限》则产生了风暴。

在由史密森尼学会主办，时任美国卫生、教育和福利部部长的理查森(Elliot Richardson)主持的《增长的极限》新书发布会上，我饶有兴趣地倾听作者们讨论他们对经济增长的各种极限的鉴定和预测。显然从一开始商界就会反对增长极限的说法。(但是，2012年我在《增长的极限》出版40周年纪念会上发言时，我已经能够较为详细地确定某些浮现出来的制约粮食供应扩大的因素，比如水供应减少与日本、韩国的水稻产量，法国、德国和英国的小麦产量触及“玻璃棚顶”。这些年来，对这项研究的批评意见几乎都消失了。)

正是在这样的背景下，在政府部门岗位经历了令人难以置信的精彩的10年后，我转换到一个全新的工作岗位上。我卸下了管理工作职责，有时间写书、写文章并接受邀请发表各种主题演讲，内容范围从世界粮食前景到各国间加强相互依存等。对我而言，给《华尔街日报》(*The Wall Street Journal*)、《外交事务》(*Foreign Affairs*)、《华盛顿邮报》(*The Washington Post*)、《科学》(*Science*)和《科学美国人》(*Scientific American*)写文章使我的人生豁然开朗。

1970年，将生物作为该年度报道主题的《科学美国人》邀请我撰写粮食方面的文章。这就迫使我将农业作为生物圈中的过程来整理我的思路。据我所知，《科学美国人》不仅杂志本身的发行量巨大，而且它还巧妙地零售单篇文章。杂志在确认订单时会给新订刊的读者附赠一份印制精美的4页的营销小册子，上面列有约1600篇文章。这份列表在高校广泛流行。实际上，教授们会根据自己教授课程的需要，从其中选取合适的文章来充实教案内容。

《科学美国人》还将杂志的文章围绕不同的主题进行重新组合，然后以《科学美国人》书籍的形式再度出版。例如，我的文章被归入以粮食为主题的系列中，还被归入其他至少四个主题系列，包括生物学、人类学、人类文明和人体营养。这是一门我以后用得上的营销课。

开辟新天地——布朗自传

到海外发展委员会的最初几个月，我都在写《变化的苗头》

(*Seeds of Change*)这本关于绿色革命的书。我一直都在研究高产矮秆小麦和水稻的进展。这项研究最初是在日本开展的，诺曼·博洛格和他的同事们接着在墨西哥进行了适应性研究并完成了品种改良。在钱德勒(Robert Chandler)的领导下，国际水稻研究所(IRRI)将日本的矮秆水稻培育推广到其他国家使用。使这些短秸秆品种产量加倍增长的部分原因是，秸秆生长所需的光合产物大大减少，从而使种子生长获得较多的光合产物。

当我致力于生物圈粮食方面的文章时，博洛格因消除饥饿方面的工作获得了1970年诺贝尔和平奖。《科学》杂志邀请我写一篇评论文章。我的文章是这样开头的："1944年末，4名年轻的美国科学家聚集在墨西哥城外的山岗上，他们的任务是将美国农业革命传播到墨西哥。他们相信，科学应用于农业在贫穷国家也能够像在美国那样产生同样的结果。就像毛泽东所说的，他们相信国家的未来是由农村决定的。"

我首先指出，博洛格在IRRI培育出的水稻和小麦高产品种，不久以后有可能"比历史上任何技术进步在更短的时间内造福更多的人。这并不是说新型种子就能解决粮食问题，但是它们确实争取到了宝贵的时间，也许就是用来稳定人口增长的额外的10到15年时间"。诺曼是我的老朋友了，他谈及世界粮食前景时很少不强调限制人口增长的紧迫性。

两年后，我受现已停刊的《周六文学评论》(*Saturday Review of Literature*)之邀给《增长的极限》写一篇书评。虽然我对用计算机建模预测未来是否有效并无把握，但是确实需要一个系统的方法对全球环境—经济关系进行分析，在我看来，由丹尼斯·梅多斯和唐内莱·梅多斯领导的这支年轻的MIT研究团队的思路是正确的。他们的思路与我自己的研究、分析和决策方法是吻合的。

1973年，我在《华尔街日报》专栏版发表了长篇文章《世界粮食储备的必要性》(The Need for a World Food Reserve)。不出所料，尼克松的农业部长巴茨(Earl Butz)反对我的观点。他争辩说，用粮食储备来避免价格暴涨和暴跌可能会压低农产品价格。但我认为，用最低价买入和以最高价卖出，能给消费者和农民都带来稳定。在写这篇文章时，我还谈到了对粮食储备的需求。(自从我们不再像过去的美国农业项目那样实行耕地闲置，以及气候变化给农业带来的不确定性越来越大以来，粮食储备的需求在当今就更加迫切了。)

我在美国农业部一开始就致力于了解世界农业状况，《人类、土地和粮食》(*Man, Land and Food*)一书出版后不久，我便开始拓宽自己对这个世界的认识，尤其是地球生态系统与世界经济的关系。这使得我在向政府提出建议时，或在研究、写作和演讲中概述政策方向时更加卓有成效。

我接下来出版的书是《世界无疆界》(*World Without Border*)，对我来说，这本书在问题所涉及的范围和读者达到的层次方面都有所突破。此书描述了如何将地球自然系统、快速发展的贸易和金融关系以及它们与政府的协作连为一体。底线是世界需要崭新的、强有力的国际制度来处理这些关系。幸运的是，国际社会在美国的带领下，于1967年创立了联合国人口基金(United Nations Population Fund，起初名为 United Nations Fund for Population Activities，UNFPA)，1972年又创立了联合国环境规划署。

《纽约客》(*The New Yorker*)杂志如此评价《世界无疆界》："对世界现有问题进行了见识广博而理智的评估……并提供了翔实可靠的文献佐证和十分合理的解决方案。[布朗]令人信服地论证说……军国主义国家的时代结束了，全球一体化是使世界幸存的唯一希望。"这本书所讨论的全球化概念，在那以后才被广泛使用。

这时候，由于有时间拓宽自己对世界的认识，我敏锐地意识到，跨国公司在全球经济中的作用在不断增大。这不仅是世界经济增长的时期，而且是世界经济跨越国界而一体化的时期。公司就是为世界市场而生的，制造业供应链可以植根于多个国家。

开辟新天地——布朗自传

为了说明问题，我做了一张国家（以国民生产总值来衡量）与公司（以年度销售总额来衡量）的综合列表。这张表列出了 100 个国家和公司，排在前 50 位的以国家为主导，只有 8 个公司，其中最大的公司是通用汽车公司，排名第 18 位。后面 50 位中有 36 个公司，只有 14 个国家。显然，我们已经进入了一个新时代，一个不仅公司影响力在增大而且全球化的时代。

这本书的书名源于 1968 年苏联坦克入侵镇压起义一段时间后，捷克斯洛伐克首都布拉格的学生接受报纸采访的一篇报道。当一名学生被问及她喜欢什么样的世界时，她回答说："一个无疆界的世界。"这句话跃然纸上，突出了我正在写的这本书的精神。

联合国召开议题为人口、粮食、水和城市化的会议，体现了资源和全球化问题越来越受到关注。1974 年与此议题相关的会议有两次：8 月在布加勒斯特举行的世界人口大会和 11 月在罗马举行的世界粮食会议。联合国人口基金邀请我为布加勒斯特会议撰写了一部专著。他们想要的是一本能够处理人口问题的多个涉及面的书，不仅包括粮食，还包括其他资源及社会条件和生育水平之间的关系。这本专著即《为了人类利益》（*In the Human Interest*），以英语、阿拉伯语、意大利语、印度尼西亚语、日语、葡萄牙语和西班牙语出版。

到了夏末，ODC 的同事们意识到，即将召开的粮食会议没有委托写专著，于是我的研究助理埃里克·埃克霍尔姆（Erik Eckholm）和我便尽快开始了《仅仅是面包》（*By Bread Alone*）一书的写作。到了该书写作的最后阶段，我们听说《纽约时报》准备在 11 月会议的前几周刊载一系列粮食方面的文章。埃里克和我设法弄清了哪些人将参与报道，农业、营养和贸易这些主题都分别由谁撰写。当我们的书还是打字稿时，就给这些报道者每人寄了一份。当《纽约时报》发表了几期引用或引证过《仅仅是面包》的粮食专题文章之后，该报编辑开始限制他们的文章对我们的这种依赖。

美国农业部一直准备在会议之前发布的一份报告因为工作进度慢

而最终未能兑现。总部设在罗马的联合国粮农组织也为会议准备了一篇背景报告，但是这份报告没有新意，并且在很大程度上忽视了人口问题。结果，《仅仅是面包》就成了每个寻找最新世界粮食状况和消除饥饿的未来前景的人的主要信息来源。

1975 年，我收到坦桑尼亚总统、非洲元老之一尼雷尔(Julius Nyerere)的一封来信。他写道："前段时间，你给我寄来一本你的专著《仅仅是面包》，我已经读过你写的《世界无疆界》。谨以此信为两本书祝贺你并向你致谢。"

他接着写道："在《仅仅是面包》中你写道，'在 100 个国家政治首脑中，没有 2 个知道，如果人口每年以 3%的速度增长，一个世纪之内世界人口将增长 19 倍'，你很可能是对的。但是，无论知道这一点的人数是多少，现在你至少已经让这个数字增加了 1！第 180 页的举例使我深受触动，因为在你的例子中，阿尔及利亚的 1500 万人口与坦桑尼亚现在的人口数量几乎一样多，这使你(我！)想到，100 年内我们的人口就会达到 2.88 亿。"

我把与历史人物的这样的接触当作历史的交叉点。还有一件这样的事发生在 1974 年末，世界俱乐部(一家享有声望的纽约妇女俱乐部)成员艾芙·拉布伊斯(Eve Labouisse)邀请我在他们每月举办的一次宴会上发表演讲。她特别想让我谈谈由于苏联粮食歉收而陷于混乱状态的世界粮食状况。

接受邀请后我才知道，邀请我的这位东道主的全名是艾芙·居里·拉布伊斯(Eve Curie Labouisse)，她是我的楷模之一居里夫人的女儿。居里夫人不仅是第一位获得诺贝尔奖的女性，还是曾两次获得令人梦寐以求的诺贝尔奖的四人中的第一人——第一次是 1903 年和她的丈夫皮埃尔·居里(Pierre Curie)一起与贝克勒耳(Henri Becquerel)分享物理学奖，第二次是 1911 年获化学奖。

尽管我们常常认为居里夫人是法国人，但实际上她是波兰人，原名玛丽亚·斯克洛多夫斯卡(Maria Sklodowska)。因为波兰的研究生

开辟新天地——布朗自传

院不招收女生，她才到巴黎去读研究生。

居里夫人创造了**放射性**(radioactivity)这个词，并发现了两种放射性元素“镭”和“钋”，为了纪念自己的祖国，居里夫人将后者命名为“钋”。此外，艾芙的姐姐伊蕾娜(Irène)和她的丈夫弗雷德里克·约里奥(Frédéric Joliot)因合成新放射性元素而获得了1935年的诺贝尔化学奖。艾芙的丈夫亨利·拉布伊斯(Henry Labouisse)1965年至1979年担任联合国儿童基金会(UNICEF)主席，他代表联合国儿童基金会接受了1965年的诺贝尔和平奖。

因为艾芙是家里唯一没有获得诺贝尔奖的成员，她感到很惭愧。艾芙于1904年12月6日在巴黎出生，是一名音乐会钢琴演奏家，第二次世界大战期间，她在法国抵抗运动中发挥了积极的作用。艾芙是一位才华横溢的女性，居里夫人1937年去世后不久，她为自己的母亲撰写了传记，获得广泛好评，我小时候就读过这本书。

有一次，我乘坐一班从伦敦飞往杜勒斯机场(位于华盛顿特区之外)的飞机，记得是那种早期的大型运输机波音747。我的座位靠窗，右边坐着一位老妇人。她正试图将随身带的一些用牛皮纸包起来的包裹放到座位底下。我示意她应该将包裹推到她前面的座位底下，并帮她放好了包裹。等坐好后，她要找灯的开关，于是我告诉她如何开灯。在我看来，她显然不是一个非常有经验的旅行者。在飞行途中，我们聊上了，当她提到自己的儿子戴维(David)和他做的事情，我才意识到，她就是杜鲁门总统的国务卿迪安·艾奇逊(Dean Acheson)的遗孀艾丽斯·艾奇逊(Alice Acheson)。

她是从伊朗回国，在伊朗，两名古代波斯文化研究方面最有威望的英国学者带她参观了考古遗址，她用牛皮纸包着的东西就是访问伊朗期间，国王送给她的罕见的波斯小地毯。

大约一周之后，我接到艾奇逊夫人打来的电话，她问我是否就是那个帮助她将波斯地毯带过海关的年轻人。我说我是。然后她问我两周后能否参加一个宴会，我回答说我很高兴参加。过了几天，她打电话来告诉我，这个宴会是一次正式宴会。宴会前不久，她又打电话说，给我安排了一个宴会伙伴。这个宴会伙伴竟然是电视脱口秀主持的先驱之一爱德华 · R · 默罗(Edward R. Murrow)的遗孀珍妮特 · 默罗(Janet Murrow)，由于顶尖的报纸专栏作家艾尔索普(Joseph Alsop)也在场，我们最后讨论了世界粮食状况，这可是当时议论纷纷的话题。

在ODC的那些年，我参加过许多会议，有些会议举行的地点对我来说颇具异国情调，比如科罗拉多州的阿斯彭和奥地利的萨尔兹堡。在阿斯彭召开的会议常常关注能源和粮食问题。20世纪70年代初期，阿斯彭研究所为企业高管举办了一系列大观念研讨会。会议为期两周，是大观念的集中迸发，大观念这一概念的灵感来自芝加哥大学哲学教授阿德勒(Mortimer Adler)。1972年夏召开的一次大观念研讨会是由莫耶斯(Bill Moyers)主持的，他让我做他的助手。就在这次会上，我遇见了罗杰 · 桑特(Roger Sant)和维基 · 桑特(Vicki Sant)，若干年后，他们为地球政策研究所在2001年的成立提供了启动资金。

在1971年和1974年，我应邀担任萨尔兹堡研讨会美国研究方面的教员。该系列研讨会针对的是那些正处于职业生涯中期的年轻有为的欧洲人，他们大部分在政府部门工作，也有一些在企业工作，接触到美国文化和思维。研讨会在《音乐之声》(*The Sound of Music*)的拍摄地、风景优美的利奥斯康堡举行。1971年，雪莉同我一起参加了研讨会。1974年，13岁的布赖恩和8岁的布伦达同我一起去了那里。

在萨尔兹堡教员晚餐的一次讨论中，我建议我们与学生沿约3千米的湖边举行环湖径赛。大家很快便同意了。教员这边领头的是普林斯顿大学的经济学家约翰 · 刘易斯，他在新德里的那些年我就认识他了，他宣布，教员同学生举行环湖径赛，这些学生大多在30岁左右。“教员”当然就是我。约翰本来就不想跑，其他教员也不愿意跑。做任何事情都有日程安排。这件事变成了这次为期三周的研讨会中大家最为关注的事，人们猜测各参赛人的前景，他们有些人可是有经验的长跑运动员。

最有希望获胜的人中，有一个非常爱好运动的体格强健的罗马尼亚人，是他们国家皮划艇激流回旋队的成员。还有一个年轻的德国人，曾是大学 800 米赛跑选手。有一个瘦瘦的加拿大年轻人也参加了，他看起来可能是个强大的竞争对手。当比赛开始时，大家的速度都异乎寻常地快，我知道我不可能保持这么快的速度。要么是其他选手都想把我甩在后面，要么是他们在比赛的最初阶段就过分用力了，也许因为没人完全了解其他选手的实力。基于后面一种猜测，我调整着自己的步速，我知道我需要放慢速度，以保持任何获胜的机会。当我们跑到湖对面时，城堡这边的人可以看见我跑在第四的位置。然后慢慢地，一个接一个地，我超过了罗马尼亚人、德国人，最后，我猛跑几百米超越了加拿大人。

当我跑到湖对面时，我能听到布伦达的加油声："加油，爸爸，加油！"这是一个有趣的时刻，我特别愿意与布赖恩和布伦达分享。

同时，我写的这两本书和文章使我有了许多演讲机会。例如，1974 年的最后几个月，我在斯德哥尔摩的诺贝尔会议、柏林的罗马俱乐部会议、罗马的世界粮食会议和危地马拉的国际营养会议上发表演讲。从那以后演讲邀请便源源不断。

我在 ODC 工作期间很有趣的经历之一是，我上了尼克松白宫臭名昭著的"敌对者名单"。即使现在，我也没有搞清楚自己的名字为什么被列在名单上，不过我知道，我在马里兰州切维蔡斯的住宅被人闯入过，屋里的抽屉被拉出来翻了个底朝天，东西都被扔到了地板上，这件事跟名单是有关系的。不过还好没有丢失什么东西。我的办公室也被人闯入过。被列入这份名单就预示着：你的所得税由国税局直接审核。我感觉，这些措施是设计用来恐吓那些以某种方式竭力反对总统政策的人的。

这个时期可悲的是，我的婚姻就要到头了。当雪莉同孩子们回到怀俄明州后，我们分开了一年。实际上，我们已经讨论过孩子们在农场成长比在华盛顿特区的马里兰郊区更有利，但是从没有说过要真正分开。一年之后，我们协议离婚，保留了一个后来维持多年的共同支票账户。

我在 ODC 的 6 年是智力上的极佳时期。在研究和写作课题的选择方面，吉姆 · 格兰特给了我极大的自由。吉姆让我确定自己的研究和写作重点，继续保持着昆廷 · 韦斯特、约翰 · 施尼特克尔和奥维尔 · 弗里曼一直营造的工作氛围，我个人能力的不足可能是我工作的唯一束缚。

由于吉姆极有经验并且他看待世界有独特的视角，同他一起工作拓宽了我的视野。首先，他是在北京出生的，他的父亲在洛克菲勒基金会资助的北京协和医学院做了 15 年公共卫生教授。吉姆在 20 世纪 40 年代末在中国从事联合国善后救济总署(UNRRA)的工作，1964 年至 1967 年任美国 AID 项目东京分部主任，1967 年至 1969 年在华盛顿任美国 AID 越南项目行政助理，这些经历使他为领导 ODC 作好了准备。吉姆是一个理想主义者。他使 ODC 成为发展研究、研讨和会议的中心——简而言之，就是国际发展机构的联络中心。

但是，他的至高荣耀是 1980 年离开 ODC 后担任联合国儿童基金会主席时获得的。在这个职位上，他使得儿童疫苗接种与使用口服补液法治疗儿童腹泻达到全新水准。这是联合国机构的一个非凡的成就，也归功于吉姆能够说服国家政治领导人重视儿童的健康和发展。

由于我与吉姆共事的这些年中我思考和写作所涉及的范围很广，我清楚地认识到，负面环境趋势对未来的主要威胁已经浮现，保护环境应该是我们这个时代的重大问题。我也清楚，这个问题应该由一个专门的研究所来研究。下一章就开始介绍这个研究所。

开辟新天地——布朗自传

第八章

世界观察研究所：参与创造世界

1973 年夏季的一个午后，在科罗拉多州的阿斯彭，当一天的会议结束后，夕阳斜下躲到了山后，游泳池里只有洛克菲勒兄弟基金会(RBF)的比尔 · 迪特尔(Bill Dietel)和我。当我们闲聊时发现，我们俩都感到有必要成立一个研究所来研究全球环境问题。

比尔建议我撰写一份描述这一机构会是什么样的文件发给他考评。这份文件应该简短些——更像是一份非正式的资助申请。我不久就发给他一份 6 页纸、双倍间距的文件，描述了想建什么样的研究所、研究所的功能是什么。

比尔返回给我一些小的建议，然后我就正式提交了 50 万美元启动资金的请求。几个月过去了都没有确定的消息，很可能是因为控制资金的那些兄弟们有分歧。认为人口是最大问题的约翰 · D · 洛克菲勒第三(John D. Rockefeller III)是赞成的，因此显然关键是关心环境保护问题的劳伦斯(Laurance)。此外银行家戴维(David)和政治家纳尔逊(Nelson)以及团队的主要成员也都没有表示支持。后来我看到的,是一个幸运的突破。

1973年11月,纳尔逊辞去了纽约州州长的职务,可能是为参加1976年共和党总统候选人的竞选作准备。为了努力达到这一目标,他成立了"美国人关键选择委员会"——这是使他能够范围广泛地分析从教育到外交政策问题的工具。在小组的40多个尊贵的成员中,有特勒(Edward Teller)、诺曼·博洛格、舒尔茨(George Shultz)、迈尔森(Bess Myerson)和利诺维茨(Sol Linowitz)。

然而,几个月过去了,他的委员会却一直受到公众的批评。尽管委员会的确在讨论国家的关键选择,但是他们的讨论常常是私密的,没有公众参与,没有进度报告,没有透明度。纳尔逊认识到,他需要召开一个开放性的会议,最起码要选择那些公开的、有可信任度的媒体成员参加。这次会议定于1974年4月在得克萨斯州奥斯汀的林登·约翰逊总统图书馆里举行,为期两天。伯德·约翰逊(Bird Johnson)女士将主持会议,她很感激劳伦斯·洛克菲勒(Laurance Rockefeller)对她的国家美化项目的积极支持。由于高粮价和整个世界粮食经济不稳定是那次会议的主题,所以他们邀请我去演讲,谈谈世界农业前景。

伯德女士介绍了纳尔逊,纳尔逊向与会者表示欢迎并介绍了我。外界普遍认为,这件事从历史和背景上看,实际上是纳尔逊·洛克菲勒公开为共和党总统候选人的提名拉选票,在图书馆墙上6米宽的壁画上的约翰逊总统的俯视下,我鼓足了劲儿。我的演讲解释了世界谷物价格的大幅上涨情况,并探讨了稳定世界谷物价格的必要措施,引起了与会者强烈且积极的反响。

在我演讲之后,其他很多更具学术风格的演讲者都不再能吸引听众。结果,媒体报道都关注我的演讲,包括美联社的报道和赖斯顿(James Reston)的《纽约时报》专栏报道。这两份报纸在全国各地随

开辟新天地——布朗自传

处可见。几个月后，赖斯顿的专栏报道被扩写成一篇文章在《读者文摘》(*Reader's Digest*)上发表了。

纳尔逊对我的演讲非常满意，现在对我充满感激之情。1974 年 6 月 RBF 召开董事会，很快就批准了 50 万美元的启动资金。我仍然继续履行了在 ODC 原有的义务，包括 8 月份在布加勒斯特世界人口大会上和 11 月份在罗马世界粮食会议上作演讲的任务。我计划在 11 月底完成所有的工作。

我们称之为世界观察研究所的这个新机构，核心员工是我在 ODC 的研究助理埃里克 · 埃克霍尔姆和行政助理布朗丁 · 杜哈尼 [Blondeen Duhaney，后来是格雷夫利(Gravely)]。布朗丁是生力军。她作为在毕业典礼上致告别辞的毕业生代表从北卡罗来纳州高中毕业后不久，1965 年，她来到华盛顿特区，在美国农业部部长办公室开始与我共事。我们很快就建立起密切的合作关系。她活泼而又充满活力的工作作风让和她一起工作的人都很喜欢她。世界观察研究所使我们的工作关系更加紧密，她任研究所办公室主任——这是我们的新机构最先设立的部门——后来，她就任行政副所长。我们以各种身份在一起共事了 29 年，直到她因患狼疮这种自身免疫病而不得不病退。

新招募的研究员包括，《哈佛克里姆森报》(*The Harvard Crimson*)前任主编法洛斯(James Fallows)，刚从普林斯顿大学公共事务硕士课程班毕业的纽兰(Kathleen Newland)和担任过“1970 年地球日”协调员的海斯(Denis Hayes)。我说服在 1974 年罗马世界粮食会议上结识的斯托克斯(Bruce Stokes)放弃了哥伦比亚大学新闻学院的硕士课程，到我们信息室担任主任。

库里耶(Kathleen Courrier)作为自由职业者，在我们所刚成立的几年里任兼职编辑。她做全职工作后，外联人员斯塔克(Linda Starke)接任编辑一职，负责编辑我们所有的书刊和专论。在她 1982 年离开研究所去开创自己的自由编辑事业后不久，我又让她参加了 1984 年创刊的《世界状况》(*State of the World*)年度报告的编辑工作

（稍后详述）。由于她编辑了这些报告，各种国际委员会的报告都纷纷要求她做编辑，结果她变成了坐着飞机到处旅行的编辑。

布鲁金斯学会审计员戈雷尔（Felix Gorrell）早年曾给我们做过咨询，还担任过我们的财务主管。他在投资和会计方面给了我们非常有价值的帮助。奥维尔·弗里曼同意任董事长。1974 年 11 月末，我们搬进了马萨诸塞大道西北 1776 号 7 层的新办公室，就在布鲁金斯学会和 ODC 对面的那条街上。

这些早年间的往事令人心潮起伏。我们精心打造了一个从事跨学科研究的新型研究机构。它并非那种传统的经济或国际事务研究机构，而是研究广泛意义下的环境问题，包括粮食、能源、人口、水，特别是关于环境与经济之间关系的研究机构。我们的目标是使我们的出版物让非专业读者容易理解，可在科学期刊上发表，可用于媒体并成为决策者不可或缺的参考。我们兴致勃勃地接受了这样的挑战。

我们还设想使世界观察研究所成为为全球服务的机构，这一目标就更增加了挑战的复杂性。一方面是要研究全球问题；另一方面则是要用研究结果来影响全球人口。

我们早就将两项成果设定为研究目标：首先是我们称之为世界观察报告的系列专论，一般是 30 至 70 页的篇幅；然后是书籍。世界观察报告系列使我们在相对短的时间内对某些重要问题进行了研究。记得我曾经从《科学美国人》杂志懂得，如何使研究成果产生多方面的用途，很多论文形式的研究成果最后都会被汇编成书籍，并被翻译成其他语言出版发行。

开辟新天地——布朗自传

图书出版商不但要有能力将这些书提供给其他语言的读者，而且必须花钱购买版权。当然，还必须满足另一方面的条件，就是能充分证明有能力以其他语言翻译出版这些书。

为了不让人误以为世界观察研究所是莱斯特·布朗研究所，我决定研究所出版的第一个出版物不是我的著作，而是其他人的。曾经在我创作《为了人类利益》时协助过我，在 ODC 时又与我合著了《仅仅是面包》的埃里克，作好了写书的准备。他很快在1975年秋完成了《丧失土地——环境压力与世界粮食前景》（*Losing Ground: Environmental Stress and World Food Prospects*）的写作，并于1976年初按时出版。《丧失土地》一书将环保界对发达国家工业污染的关注扩大到对发展中国家过度砍伐森林、过度放牧、土壤侵蚀、沙漠化以及其他环境威胁的关注。

当这本书要交付出版的时候，埃里克将书中有关薪柴的需求快速增长的部分抽了出来，扩写成世界观察研究所系列专论的第一部。它就是《其他能源危机——薪柴》（*The Other Energy Crisis: Firewood*），当这部专著作为第一期世界观察报告于1975年9月出版时，引起了巨大反响，媒体进行了大量报道，连《纽约时报》都在头版发表了一篇文章。这部专著的成功之处是，指出了对1/3人口造成影响（虽然这个数据在很大程度上低于雷达探测数据）的薪柴危机和当石油价格翻两番时发达国家强烈意识到的石油危机是并列的两大危机。

世界观察研究所首部专著的分析结果在世界林业界掀起了波澜，导致世界银行林业贷款业务重组，还使得印度尼西亚政府在国家林业项目中增加了薪柴一项。世界观察研究所就此迅速发展起来。

当1976年初《丧失土地》出版时，美国诺顿出版社总经理布罗克韦（George Brockway）称该书为"时下经典"。该书从出版到被译成世界各主要文字，除了被媒体广泛报道外，几乎每一章还被印刷成单行本或被其他热门期刊转载——从《科学》杂志到《华盛顿邮报》的周日刊。我们很快就实现了自己的一个目标，即：文章具有可在科学期刊和大众媒体上发表的分析深度和文风。

《丧失土地》出版后不久，为收集山区环境恶化的信息，埃里克在赴尼泊尔实地考察期间，在加德满都外面的农村地区待了两天。这个村的村长对《丧失土地》的印象非常深刻，以至于他决定把书复印一本，但是他们根本没有复印机——至少在尼泊尔乡村里是没有的。埃里克待在村里的那两天两夜，这位村长就让几个打字员用一台打字机日以继夜地把书打了出来。

埃里克给研究所的专著树立了一个高标准的标杆。我们的专著都做得很好，在第五期世界观察报告上发表的，由斯托克斯、麦格拉思(Patricia McGrath)和我共同撰写的《人口问题的二十二个方面》(*Twenty-Two Dimensions of the Population Problem*)，是我们的又一杰作。我们不仅仅只关注马尔萨斯(Thomas Malthus)给我们留下的人口和粮食问题，还进一步关注人口增长效应的许多方面，包括住房、水资源、卫生服务、森林问题，并涉及国家娱乐区问题。马尔萨斯认为，随着粮食供应的算术级数增长，人口将出现几何级数增长。

这份报告用 3 页左右的篇幅着力介绍了各个方面的人口问题，在有数据的地方则用图表显示出相应的趋势以及这种趋势如何随人口增长而变化。许多国际发展组织将这份报告大批分发给自己的员工。该报告还被译成一些主要文字版本，包括阿拉伯语、法语、西班牙语、日语、印度尼西亚语、葡萄牙语和意大利语，还有一些不被广泛使用的文字，如缅甸语和尼泊尔语的译本。尼泊尔文版印刷了10 000册。

这部专著所有文字的印本最终共计出版发行 186 000 册，它的巨大成功缘于我们有创见地以跨学科的视角看待人口问题。这时，恰逢世界开始关注人口增长与环境问题的关系，特别是与生物多样性丧失之间的关系问题。

同时，海斯又接二连三地写出几份世界观察报告，包括：《能源——保护案例》(*Energy：The Case for Conservation*)和《核能——第五骑士》(*Nuclear Power：The Fifth Horseman*)。在后面一份报告中，他从单纯经济学的角度令人信服地论证了核能是不可行的。这些专著和世界观察报告的一些太阳能方面的专著被合编为《希望之光》(*Rays of Hope*)，这是又一项开创性的工作。

纽兰为世界观察报告写了两部专著：《妇女从政——环球评论》(*Women in Politics：A Global Review*)和《妇女与人口增长——生育

之外的选择》(*Women and Population Growth: Choice Beyond Childbearing*)。这些专著为她撰写《男人的姐妹情》(*The Sisterhood of Man*)奠定了基础，该书强调了为女孩和妇女提供平等机会的重要性，并将这些机会与提高女性受教育比例以使生育率下降联系起来。

早年，我写过几份世界观察报告，我自己特别喜欢的报告之一是1977年10月出版的《重新定义国家安全》(*Redefining National Security*)。经常没事儿就到我们办公室坐坐的环境保护活动家雷德福(Robert Redford)，有一天从华盛顿杜勒斯国际机场打来电话说，刚读完我的报告，他认为这是一项具有里程碑意义的工作。过了十多年，《外交事务》才发表了第一篇关于重新定义安全的文章。

我们发表了很多非常成功的报告，我在这里提到的仅仅是其中的几份。特德·沃尔夫(Ted Wolf)和我合作撰写的关于环境恶化造成非洲饥饿和营养不良的状况必须得到扭转的分析报告[《扭转非洲衰落》(*Reversing Africa's Decline*)]，被世界银行广泛采用，他们将报告复印了900份，分发给华盛顿总部的高层管理职员和所有从事非洲业务的职员。该行还组织员工对报告进行研讨，并将报告译成法语，在非洲法语国家大量分发。非洲发展银行邀请特德和我到该行设在科特迪瓦首都阿比让的总部，主持了由该行高级职员和执行董事们参加的为期两天的研讨会。

1989年1月，英国首相撒切尔(Margaret Thatcher)决定主办一次由各国政治领导人参加的、讨论臭氧层未来的国际峰会，她的工作人员发现，缺少描述该问题起源、趋势、对呼吁的响应情况或各种响应所产生的经济效应方面的文献。因此，他们订购了200份第87期世界观察报告，由谢伊(Cynthia Pollock Shea)撰写的专著《保护地球上的生命——拯救臭氧层的措施》(*Protecting Life on Earth: Steps to Save the Ozone Layer*)。如果像英国这样的发达国家的政府都缺乏处理这些基本问题的研究机构，我们对其他国家的政府就更生疑虑了。

我们很早就制定过一份给舆论界领袖大范围邮递世界观察报告赠

阅本的名单。我们有个操作间被称作“报告填料间”，每一位员工都坐在地板上将回邮信封塞进报告邮包中。我们常常把任务变成一种娱乐来激发作者的灵感，每周五下午5点，我们都让所里的同事在小酒吧欢聚一小时。

在世界观察研究所的初期，我还创作了《第二十九天》（*The Twenty-Ninth Day*）。这本书于1978年初出版，在我写的书中，它是我比较喜欢的书之一。书名出自法国人在学校常常用来给孩子们讲解“指数增长”的一则谜语：如果池塘里第一天有一片荷叶，第二天变成了两片，第三天变成了四片，如果荷叶每天都变成前一天的两倍，到第三十天时池塘长满了荷叶，问第几天池塘里有半池荷叶？答案：第二十九天。我采用这个书名，是为了将解决对地球有限资源的索求不断增大的问题的紧迫性传达给读者。这是最早详细探讨我们对地球的自然系统和承载能力的依赖的著作之一。

就在这本书出版后来临的春天里，我被安排同波利(Jane Pauley)一起出席了美国全国广播公司(NBC)的访谈节目“今日秀”。这次访谈播出的时间为上午7：45至8：00，播出前的一个小时里多次插播了该节目的预告。预告是这样说的：“今天，我们请撰写土壤侵蚀的书的作者做访谈。不错！就是土壤侵蚀。”后来好些天，布赖恩和布伦达都在屋里到处嚷嚷：“我爸爸写了土壤侵蚀的书。不错！就是土壤侵蚀。”

在销售、翻译和媒体引用方面——不论我们用哪一种标准来衡量——《第二十九天》都取得了巨大的成功。伯恩斯(David Burns)发表在《华盛顿邮报》书评版首页的热情洋溢的书评，使这本书很快进入快速启动状态。随着这本书的20多种文字版本的发行，全世界都注意到了我们对森林、草场、渔场和耕地4个自然系统及其承载能力的依赖。该书的一项开创性的工作是提出了“可持续发展”的概念。

开辟新天地——布朗自传

1981年，我在《建设一个可持续社会》（*Building a Sustainable Society*）一书中拓展了自己的思想。该书在环境与发展领域也被广泛传译和使用。甚至连苏联都花美元买了我们这本书的外文版权。

我们对自己的表现进行评价的标准之一是，我们取得的研究成果是否使媒体感兴趣。我们虽然知道得到了媒体的广泛报道，但是还想更清楚地了解我们所取得的成效。为此，我查出每年世界观察研究所被《纽约时报》引用的次数，并与其他著名的研究机构进行比较，包括布鲁金斯学会的未来资源研究所，以及两个最著名的保守派智库：美国企业研究所和赫德森研究所。1976 年，世界观察研究所第一个全年出版之年，除了公共政策研究机构之祖、尊敬的布鲁金斯学会外，我们已经快速跃居所有研究机构之首。我们花了 4 年多的时间在《纽约时报》的引用方面超越了布鲁金斯学会。布鲁金斯学会的员工人数至少是世界观察研究所的 10 倍，要超越他们可不是一件轻而易举的事情。

当然，这仅限于《纽约时报》和美国。我们对自己的研究被其他国家和全球媒体中的主要新闻机构报道的情况也很感兴趣，比如英国广播公司(BBC)、美国之音以及后来的美国有线电视新闻网(CNN)，还有主要通讯社，特别是美联社和路透社。我们的剪报服务显示，在世界各地，每天都有我们的出版物发行或是被新闻报道数次引用的记录。我们的工作在很大程度上得到了认可。

我们还需要检验自己是否得到了全世界的支持。这一问题的答案是肯定的：我们的书被译成多种文字出版发行。我们始料未及的是，如此多的世界观察报告会被译成其他语言，以及其中的一些译本的印刷量会超过 10 万册。从广义上讲，我们采用跨学科或系统的方法分析全球环境问题得到了热烈的响应。我们确实做了我们决意要做的事情。

当世界观察研究所成立快到 6 周年时，RBF 对他们的投资项目进行了绩效评估。他们认为："总的来说，世界观察研究所在本国和其他国家的决策者审视资源和对资源的使用作出有影响的决定方面有巨大的帮助……世界观察研究所正在向那些为我们的命运负责的人士传达观念和研究成果，其影响力只有极少数其他咨询机构——兰德公司、布鲁金斯学会……或者美国企业研究所——堪与匹敌。”

RBF 的评估报告认为，说服全世界的选民是“一项比说服美国选民复杂得多的任务”。RBF 报告的作者与许多新闻记者交谈过。报告说：“在新闻报道的撰写人中，很难找到一个不热衷于世界观察研究所和它的服务的。”较多引用世界观察报告的记者中，有《纽约时报》的科学作者沙利文（Walter Sullivan）和韦伯斯特（Bayard Webster）以及美联社驻华盛顿科学记者本杰明（Stan Benjamin）。

也出现了一些批评意见。《科学美国人》总编辑弗拉纳根（Dennis Flanagan）说，世界观察研究所的材料“在这里是受欢迎的；研究工作很认真，报告值得一读……[但是]莱斯特 · 布朗采用将环境问题描述为世界末日的方式，不能令人信服。”

RBF 评估报告还回顾了我对世界观察研究所的标新立异的管理。例如，我们很少召开工作人员会议以及我们没有经营预算，我只是对来年的支出作一个估计。我们的财务政策很简单：不开任何兑现不了的空头支票。由于绕开了复杂的预算流程，我们不需要预算人员。也许更重要的是，当我们决定要出一本书或是一份世界观察报告时，我不需要让研究人员个人花时间做详细的项目预算和寻找资金来源。

加拿大科学理事会的科学顾问在描写 1977 年的世界观察研究所时说：“那个机构没有一点儿赘肉……当我看到[布朗]在这么短的时间里带动这样小的机构做了这么多事，我有点儿嫉妒。”

这种方式最重要的一点是，在我担任世界观察研究所所长的 26 年里，我们从未因为财政压力或任何其他理由裁减过工作人员。这种方式可能不太正统，但是却打造出了一个特别精干、有效的机构。世界观察研究所的另一个非常规的策略是，从出版物销售、书的版权和演讲费得来的收入达到能部分解决预算支出的目标。我们让市场来检验我们的研究成果。RBF 看到了这些有魅力的趋势。

1982 年，RBF 成立了一个委员会来监督并规范从兄弟辈到堂表兄弟姐妹辈基金管理方面的变动。兄弟辈的人越来越老，而洛克菲勒家族的堂表兄弟姐妹辈，包括拉里（Larry）、小戴维（David Jr.）和古德温（Neva R. Goodwin），都有足够的经验来负责家族的慈善事业。我曾受邀在一次会议上作报告。他们普遍的问题是：我们如何得到最大的回报？在资源有限的情况下如何能有所作为？

在这次会议结束时，劳伦斯的儿子拉里·洛克菲勒表示，我下次到纽约来时，他愿意和我喝一杯并来一次头脑风暴。在我们几周后的讨论中，我提了很多建议，其中之一是，他们委托其他机构做一个报告，类似于对地球进行生命体征的年检。我很快便忘了这件事。但是几个月之后，时任 RBF 总裁的比尔·迪特尔来见我，说他们很欣赏做地球年度报告的想法，而他想知道，我们是否有兴趣做。我没有答应。尽管这个主意是我出的，但是我并不特别想做这件事。当初在 ODC 时，我目睹了年度《发展议程》（*Agenda for Development*）是如何耗费工时，却常常使得员工不能在事业上有更多的个人需求和成效。

不久之后，比尔又来问我是否可以重新考虑一下。比尔的执着令我回心转意。这次，在他愿意帮助我们寻找其他资助的前提下，我答应了。一个新时代就要开始了。

当时，我们的团队包括我在内只有 5 名研究人员，所有的员工加起来只有 11 人。在现有工作量上再增加这样一项年度任务，需要更多的职员和资金。比尔同意帮助我们筹集资金。第一份报告，我写了 7 章，其余 4 章是其他研究人员完成的。

1984 年 4 月，我们发布了首期《世界状况》年度报告。这是一项惊人的成就。能对这份报告的表现进行评判的唯一参照标准是世界银行的年度报告《世界发展报告》（*World Development Report*，*WDR*），因此，我们的目标就是有一天《世界状况》和《世界发展报告》以同样多种文字和销量发行。令我们极为吃惊的是，《世界状况》从第一期开始就在译本种类和销量上大幅度地超越了《世界发展报告》。

《世界状况》在 1984 年快速启动了，广泛使用的文字版本有中文版、日语版和西班牙语版，小范围使用的文字版本有马来西亚语版、波兰语版和泰语版。促进美国相关出版物在国外发行的机构美国新闻总署赞助发行了印度英文版。1985 年度《世界状况》还增加了印度尼西亚语版。在 4 年中，《世界状况》几乎有了每一种广泛使用的语言版本。

许多杂志和报纸刊发了《世界状况》年度报告的精华选辑，因为报告中有太多新的信息，并将全球环境、经济和社会趋势联系起来进行分析。仅《世界状况》第一期英语版就刊发出大约 50 个选辑。再加上其他文字版本的评论和新闻报道，这样就向全世界发布了大量环境信息。

虽然《世界状况》并不是为学校设计的教材，但是在大学里却难以置信地受欢迎。它在课程中的使用量年年攀升。截至 1991 年，总共有 633 所美国大学和学院的 1379 名教授在授课中使用了《世界状况》年度报告的内容。在加拿大，约 50 所大学使用了《世界状况》。还有其他几个国家也是这样。芬兰有 11 所大学要求每个学生必须阅读《世界状况》报告。

在美国，密歇根大学是最早采用《世界状况》报告的，在 1991 年有 17 门课程的教授使用了该报告。紧随其后的是密歇根州立大学、科罗拉多大学、康奈尔大学和加利福尼亚大学。

《世界状况》还被用作大学新生的通用教材。宾夕法尼亚州的斯利珀里罗克州立大学在 1991 年秋季入学的 2300 名新生的迎新活动中使用了它，纽约州的布鲁姆社区学院把它用作给 2000 名新生开设的一门基础课的教材。显然，《世界状况》报告已经在世界高等教育界找到了自己的归宿。

开辟新天地——布朗自传

令人震惊的是，选用《世界状况》报告的各种课程中既有把它作为主要教材的，也有作为教学辅助参考的。我们编制了一份列有 45 所选用《世界状况》报告的大学的名单，每一所学校都把该报告用于不同研究领域的课程。这里仅列举其中的几个：蒙大拿州立大学的课程是技术与社会，田纳西大学的课程是自然资源管理，缅因大学的课程是当代世界问题，北卡罗来纳大学的课程是世界人口问题，亚利桑那大学的课程是环境生物学。

我们无法得到中国大学里采用该报告的课程情况，虽然自第一期报告 1984 年度《世界状况》出版后，中国出版了几乎所有的年度报告。几年前，我在有 17 000 名学生的中国农业大学(北京)准备作一次晚间演讲。演讲前，这所大学的校长和我一起用便餐。在我们从他的办公室前往报告厅的路上，他告诉我说，学校里的学生都知道我的名字，因为他们读过我的书《谁将供应中国粮食？》(*Who Will Feed China?*，见第十章)。我有点不相信。在我们走向报告厅的道路的右侧，放着两张牌桌，学生戏剧社正在出售即将上演的戏的演出票，为了验证自己的话，校长走上前去把我介绍给学生们，每个学生一听我的名字就立刻认出了我是谁。

1984 年度《世界状况》引起了特德·特纳(Ted Turner)的注意。1984 年春，在他创建第一个有线电视新闻网 CNN 4 年后，我接到他打来的电话。特德说下周要来华盛顿，想知道是否可以跟我会面。他说，《世界状况》报告是他这几年读过的最重要的著作。在会面中，我很快就明白了，特德同我一样关心世界环境问题及其长期后果。我们马上成了知音。

特德要从华盛顿飞往纽约主持一个外国记者招待会。他离开时带了两箱《世界状况》报告——一只手拎一箱——他计划将书分发给记者。这是我与特德的首次接触，但不是最后一次。从那以后，他一直推崇并分发我的著作。事实上，这次会面后，他开始每年都将《世界状况》分发给 CNN 全球网络记者。更重要的是，这次会面是我们长久友谊的开始。

《世界状况》报告的出版正当其时。它启动时，正是全世界不仅缺乏环境信息而且缺乏对环境趋势以及其他相关问题，例如人口问题、自然资源问题、技术问题和国际关系问题的综合研究的时候。更进一步说，在联合国每年发布世界环境报告以前，《世界状况》处于半官方状态。全世界政府都把它作为基本参考。比尔·迪特尔，感谢你的执着。感谢你重视我的想法尤甚于我自己。

1985 年，就在第二期《世界状况》报告出版后不久，波士顿的 WGBH 电视台美国公共广播公司（PBS）“新星”系列节目的哈拉（Linda Harrar）和我们联系。她想基于《世界状况》报告制作一部时长为 10 个小时的电视系列节目。这代表了研究机构与公共电视集团的独特结合。好几年时间花在了筹款、制作和系列节目的编辑，以及公共电视节目调度上。结果，《紧急拯救地球》（*Race to Save the Planet*）于 1990 年秋季首播，由斯特里普（Meryl Streep）担任解说。

就我的个人生活而言，我的儿子布赖恩这段时间和我一起工作。他已经是美国皮划艇激流回旋队的一名成员了。由于皮划艇队的训练地点就在华盛顿附近的波托马克河，所以他搬来这个地区。我雇他在研究所兼职干些行政管理方面的杂事。

在那段时间里，我们一起定时用午餐，讨论划桨技术、训练情况、竞赛心理学以及其他共同关心的话题。像很多在小男孩时就渴望获得运动方面的伟大荣誉的男人一样，我与他很有共鸣地一起分享经历。

尽管几乎所有的精力都投入到了世界观察研究所，但在业余时间，我还是参与了一生中最激烈的一次政治活动：为妇女争取宇宙俱乐部入会权利。1969 年我加入俱乐部时，是俱乐部最年轻的会员，是坚定承诺性别平等的那一代成员中的一分子。

开辟新天地——布朗自传

设在华盛顿特区的宇宙俱乐部成立于 1878 年，它模仿英国人的社会俱乐部，但会员入会不论社会地位而是凭个人业绩，是“学者、创造性天才或学识渊博的人”。在俱乐部的成员中，有 56 名普利策奖得主和32名诺贝尔奖得主。如果它确实是一个社交俱乐部，那么限制男人、女人或其他定义的人群加入也就罢了，但是如果以个人价值为加入条件，那么在我看来，我们不应该排除女性。

想长久把持俱乐部的管理层强烈反对接纳妇女。但是一些会员认为这种主张不再合适了。1980年，我协助组织了“关注会员委员会”，并协调了一项调查，询问各成员对此事的立场。会员们的答复都寄到世界观察研究所我的办公室来，给我们提供了活动所需的宝贵信息。这是一场硬仗。甚至连获得俱乐部邮寄名单都很困难。一些支持妇女入会的会员打破常规，向新闻界公布了此事，对管理层施加压力。

随着支持和反对妇女的两派之间摩擦的加剧，一些会员放弃了。有一名会员受到被开除的威胁。我收到一封来自俱乐部高层的警告信。1988年6月，由于持续不断施压，大坝终于坍塌了，俱乐部投票结果几乎一致赞成接受妇女入会。对我来说，感觉就像尼尔·阿姆斯特朗(Neil Armstrong)所说的，迈出了人类跨越的一大步。

当《世界状况》报告1986年创刊时，我聘用丽雅·贾尼斯·巴滕菲尔德[Reah Janise Battenfield，现在姓考夫曼(Kauffman)]做我的行政助理。她来自密歇根州立大学，在那里任编辑和技术作家，她的技能对我很有帮助。我那时候并不知道，她将成为我多么宝贵的工作伙伴和朋友。丽雅·贾尼斯有很多其他方面的才能，比如，她是一个出色的女裁缝，给我做过一件冬天穿的很保暖的灯芯绒夹克。她还喜欢把色彩丰富的面料做成夹式领结，而我只戴这种领结。

随着《世界状况》报告取得非凡的成功，我开始意识到有必要再增加一种出版物，最好是一种双月刊的杂志，可以用来发表一些讨论热点话题的简短文章。我们应该将自己不时产生的一些想法尽快发表出来，而不必等到研究和撰写世界观察报告时再发表。一本杂志也可以使我们采用更令人感兴趣的方式对较大的专题进行更为详细的报道。

在讨论最后被我们简单地命名为《世界观察》(*World Watch*)的这份双月刊时，我同沃伦·巴菲特(Warren Buffett)的夫人祖西·巴菲特(Susie Buffett)讨论了为杂志提供支持的问题。祖西对杂志很感兴趣并且对其前景很乐观，尤其在《世界状况》刚刚获得巨大成功之后。沃伦却似乎没有那么热情，当时，他还是华盛顿邮报公司董事会的成员，该公司也出版《新闻周刊》(*Newsweek*)杂志。他清楚，我们兴冲冲地要创建一份新杂志，在出版方面其实有太多的问题。

尽管沃伦并不支持我们，我们还是坚持要做下去。该杂志创刊号是1988年2/3月号，第一任主编戈尔曼(Jim Gorman)干了4年，他的继任者是《跑步时代》(*Running Times*)的创刊主编艾尔斯(Ed Ayres)。尽管这本杂志对所有人都是挑战，但是结果还是超出我们的预期。在几年时间里，《世界观察》杂志就有了日语版、中文版和意大利语版、德语版、法语版，而且西班牙语版也即将刊行。我们没有想到这本杂志在国际上受到如此程度的关注，甚至从没有设想过发行杂志外文版的前景。我们又一次开辟了新天地。

杂志发行的一个重要的好处是，每发一期新杂志，我们都可以在头条及时报道新闻事件。这些也被证明是非常成功的。发表在各期杂志上的文章，有一些产生了全球影响。最引人注意的文章之一是《谁将供应中国粮食？》(Who Will Feed China?)，此文发表在1994年9/10月号(参见第十章)。

另一篇引起广泛注意的文章是塔克斯尔(John Tuxill)撰写的专题报道《家谱的毁灭》(Death in the Family Tree)，发表在1997年9/10月号上。他的论点是，人类人口的不断增长和人类活动的不断扩大，正威胁着许多与人类进化关系最密切的物种的生存。有420种非人灵长目动物，包括黑猩猩和其他猿类以及猴子，都成为了地球上最濒危的哺乳动物。杂志8月底举行了新闻发布会，有许多人前来参加，包括7个电视摄制组。

开辟新天地——布朗自传

截至1990年，当世界观察研究所成立15年时，我们可以像《华尔街日报》那样称自己“非常成功”，我们塑造了公共政策研究机构的新模式，它依赖的是年轻有为的通才而不是那些高学历的专才。我们是完全独立的，没有接受过政府或企业提供的资金。而且，更多的惊喜还在后面。

第九章

一流的世界观察研究所

一个星期六的上午，我在家里工作时突然想到，随着《世界状况》年度报告、世界观察报告和《世界观察》杂志这几个出版物的稳定发展，我们积累了地球趋势方面丰富的资料。我还想到，那些承担过《世界状况》某个主题报告6章以上撰写工作的研究人员，无论专题是可再生能源、水资源、森林资源、粮食还是人口问题，他们都掌握了足够的信息，可就相关专题写出专著。

在第一个10年里，尽管我们这个小团队开始出版发行《世界状况》报告时，所撰写的报告具有开创性，但是，我们没有时间和资源继续出版相关书籍。我们的精力又都集中转向了新的报告。而现在的研究队伍已经扩大到12个人，并且有了更为广泛的机构数据库可以利用。为什么不出一个新的系列丛书呢？为了考察这个在一个星期六的上午突然想到的想法，我给一位年轻的同事德宁(Alan Durning)打

开辟新天地——布朗自传

了一个电话，他的住处离我只有几个街区，我邀请他上午10点钟左右过来喝杯咖啡，顺便讨论一下系列丛书。他立刻答应了。后来，我又跟其他高级研究员讨论这个想法，他们也被吸引住了。

我们决定把系列丛书命名为世界观察/诺顿环境丛书。在20世纪90年代，丛书共出版了12册。德宁写了关于过度消费的书《多少才是个够？》（*How Much Is Enough?*），这本书一炮打响，轰动一时。波斯特尔（Sandra Postel）写了《最后的绿洲》（*Last Oasis*），这使她成为水资源方面全球闻名的权威。不到30岁的鲁德曼（David Malin Roodman）写了《国家的自然财富》（*The Natural Wealth of Nations*），这本书令人信服地论证了应该通过减少个人所得税、增加环境破坏税进行税制改革。《世界观察》杂志副主编布赖特（Chris Bright）写了《越界生活》（*Life Out of Bounds*），这是一部讨论入侵物种以及它们对全世界产生的影响的极好著作。

世界观察研究所图书的出版成功极其令人震惊的一点是，这些书的作者大多都是初次写书，他们刚从学校毕业，往往只有学士学位。正如《华尔街日报》所评论的，我们的研究所已经变成了"一块吸引人才的磁铁"，所里招聘一个职位，有近300人前来应聘。

我通过招聘寻找有智慧、判断力和想象力的人才。前来应聘的人中很多是非常聪明的，但是，他们并非都同时具有良好的判断力和想象力。我们需要既有环境科学或理科专业背景，又有写作能力的年轻人。

对研究所而言，这个时期人才快速成长且表现非凡。我们加倍努力为全世界提供最新的环境信息，所有的著作都被翻译成好几种其他文字，有几部成为获奖作品。

1991年的一个早晨，在步行上班的路上，我又产生了一个想法，是关于如何更加方便地获取环境信息的，这就是：出版一本短篇幅的关于环境指标的书。我们的社会每天或每月都会有组织地提供大量经济数据。每天，报纸都用13平方厘米的版面公布芝加哥商品市场当天猪肉交易的最高价和最低价，对新楼盘、就业水平、汽车销售情况，报纸都会逐月进行报道。但是，对更为重要的环境趋势方面的数据，世界上还根本没有系统地跟踪报道过。

地球温度每年是上升还是下降？世界渔获量是什么情况？一年又一年，风力发电的增长有多快？世界灌溉面积发生了怎样的变化？在前所未有的人口增长面前，地球森林的发展受到怎样的影响？自行车的销售情况如何？大气中的二氧化碳浓度是多少？

要对世界作出负责任的决定，就需要更多的数据，但是这些需要的资料许多都是空白的。那天早晨，我在上班的路上琢磨这个问题时，还思考了版式问题。我们可以先对化肥使用量做一个版式设计。将所有的指标编排在两个页面上：左侧页面为双栏，是过去一年相对于长期历史背景的趋势描述与分析；右侧页面是一栏可追溯到1950年的历史趋势数据。在相应的位置标注栏中数据的人均变化趋势以突出人口问题；在右侧页面的上部配相应的趋势图。

以化肥的版式设计为例，首先是一张显示自1950年以来世界化肥产量情况的图，接着是一张对一些重要国家（如美国、俄罗斯、印度和中国）的化肥使用量趋势进行比较的图。

我带着版式和这套系列丛书将涵盖的其他指标列表去找诺顿出版社，这套系列丛书将像《世界状况》年度报告那样，每年出版一本。诺顿出版社负责与我们联系的阿什纳非常热情。苏德纳基金会对这个想法很赞赏，他们提供了一笔丰厚的启动资金。

参与这项工作的员工有哈尔·凯恩（Hal Kane）、弗莱文（Chris Flavin）、艾尔斯，由我担任负责人。我们将这套年度系列丛书命名为《重要征象》（*Vital Signs*），1992年10月《重要征象》第一部正式出版，我们举办了大型的新书发布会。《重要征象》涵盖了世界谷物产量、化肥的使用、碳排放、核能发电、自行车销售、汽车生产和世界经济增长等方面的指标。新书发布会后，当美联社环境专栏记者布里斯科（David Briscoe）问我是否可以帮他的同事带4本书时，我便知

开辟新天地——布朗自传

道，我们再一次吸引了他们。

这时，我们固定的出版物包括两份年报（《世界状况》和《重要征象》）、世界观察/诺顿环境专题著作、《世界观察》杂志双月刊和一直在出版的世界观察报告，我们有了一支强大的、覆盖全球的出版队伍。

《世界状况》报告不断有进展。1992 年，美国版的首印数达到 10 万册，这还不包括在英国、印度和澳大利亚出版的英语版印数。德语版和日语版的首印数分别为 3 万册和 2 万册，仅次于英语版印数。被首次翻译为芬兰语发行的芬兰版 1991 年度《世界状况》报告，一下子就跃居芬兰畅销书排行榜的榜首。

正当我们不断创新高时，联合国在里约热内卢召开了 1992 年地球峰会。这次为期两周的会议，是自 1989 年 12 月以来，联合国各成员国之间经过历次筹备讨论和初步谈判达到的高潮。这次大会产生了促进全世界可持续发展的宏伟蓝图，即所谓的《21 世纪议程》（*Agenda 21*）。在会议闭幕式上，大会秘书长斯特朗（Maurice Strong）称这次地球峰会是"人类的历史性时刻"。

弗莱文、波斯特尔和我为大会撰写了《拯救地球》（*Saving the Planet*）一书。事实上，我们提供的这本书是地球峰会用以描述挑战和潜在目标的唯一参考。在达勒（Øystein Dahle）和马格纳尔·诺德豪格（Magnar Norderhaug）领导下，诺顿出版社与世界观察研究所联合组织、出资举办了为期一天的记者座谈会。挪威广播公司记者、马格纳尔的同事格拉维尔（Ketil Gravir）出色地主持了这次会议。除了我们的员工弗莱文、波斯特尔、弗伦奇（Hilary French）和我，参加座谈会的还有专题演讲人、致会议开幕词的挪威首相格罗·哈莱姆·布伦特兰（Gro Harlem Brundtland）夫人，尼日尼亚过去和未来的最高统帅奥巴桑乔（Olusegun Obasanjo）将军，巴西前环境部长卢岑贝格尔（José Lutzenberger）以及日本前环境部长爱知和男（Kazuo Aichi）。

有意思的是，联合国最后确定的会议开幕式时间与世界观察研究所记者座谈会的日程恰好相同。有人要求我们改时间，但是已经不可能了，因为举办地点和演讲嘉宾预先都已经安排好了，邀请函也都发送出去了。因此，我们只能继续向前推进，在这次联合国会议开幕式的同一时间召开我们的记者座谈会。有来自 114 个媒体机构的 170 多名记者到现场参加记者座谈会，远远超过出席正式的联合国会议开幕式的记者人数。这表明，相比国家代表们作的那些高度概括的、常规化的公开政治演讲，记者们对认真讨论问题的会议更有兴趣。在地球峰会期间，我们不仅举办了记者座谈会，同事们和我还接受了媒体约 100 次采访。

作为致力于全球问题的研究机构，我们努力使自己的研究成果满足全世界的需要。对于一个只有 30 名员工的小机构而言，我们太需要帮助了。首先，我们领先的研究成果必须写成书出版，因为在传播媒体中，只有图书出版才拥有得到公认的译者和出版商网络，出版商可将信息转化为世界上使用最广泛的语言。

努力将我们的信息传达给全球读者的第二大支柱是，与世界各地的传播媒体建立密切的工作关系。包括这些通讯社：美联社、路透社、彭博新闻社、日本共同社、新华社、德新社、法新社、埃菲社、印度报业托拉斯以及许多较小的新闻机构。我们还与国家电视和广播网保持密切联系，包括意大利广播电视公司、日本广播协会、中国中央电视台、美国主要的国家电视广播网络，还有一些主要的国际广播网络，如 CNN、BBC、美国之音（VOA）等。BBC 和 VOA 实际上通过多种语言广播以便全世界听众收听。

我们早就学会的一件事是，为新闻发布会提供质量上乘的午餐。世界观察研究所不仅因一流的研究而闻名，在美味食品方面也很有名！我们在研究项目上每做一笔投资，就有额外一小笔预算用于一流的餐饮服务，这会带给我们丰厚的回报。

研究所设在华盛顿的巨大优势在于，华盛顿是国际新闻记者团最乐意驻扎之地，因为这里是美国的政治中心。记者们都渴望被派到这

开辟新天地——布朗自传

里执行任务。这里吸引他们的不仅有美国政府，还有世界银行和国际货币基金组织。因此，华盛顿便成为同顶级新闻机构的记者们共进午餐的好地点。

直到20世纪90年代中期，我们的剪报服务每个工作日只摘取40条消息，且范围只覆盖一些主要国家的重点报纸和杂志。我们在高端政策分析领域的声誉和领先地位引起了全世界媒体的关注。从根本上说，这意味着我们发布的任何信息都不会被忽略。这就是为什么世界观察研究所成了全世界被引用次数最多的研究机构，为什么BBC、CNN和VOA这三大电子网络经常对我们发布的报告进行全篇报道的原因所在。

每年年初，我都要去欧洲参加《世界状况》其他语言版的发布式。通常我都会去布鲁塞尔，我的老朋友、欧洲议会德国前成员弗兰克·施瓦尔巴-霍特(Frank Schwalba-Hoth)会在欧洲议会组织发布会。1992年，我请求弗兰克帮我办件私事，在德国东南部寻找我祖上居住的一个乡村和留在那里的德国亲戚。柏林墙1989年就倒了，而德国在1990年10月也最终实现了统一。这是我第一次有机会寻找他们。1852年，施密特(Schmidt)(史密斯)家中的三兄弟移居美国，老四也就是最小的儿子留在德国照顾父母。他的后代中也有两人移居美国，一个是在1880年，另一个是在1922年。我的妹妹、家族系谱学家玛丽昂查明弗兰肯豪森村在东德，而且查明了我们家族留在德国的那支的最后居住地的地址。

我曾受国际医师预防核战组织的邀请在柏林举办的一次会议上作报告，该组织曾因核裁军方面作出的努力而获得诺贝尔和平奖*。由于日程安排所限，我同德国前总理、1971年诺贝尔和平奖得主勃兰特(Willy Brandt)结束在会议开幕式晚会上的发言后，一起提前离开。勃兰特在会上发言后，我以为他会离开，但是极其出乎意料的是，他

* 即1985年诺贝尔和平奖。——译者

留下来听完了我的发言。

该医师组织的主席请勃兰特和我到附近餐馆的一间隐秘的小房间用餐。我没有想到勃兰特会给我留下如此深刻的印象，但是，我很快便清楚地认识到，坐在我面前的是一个具有坚强性格和独特领导才能的人。我想起了勃兰特逃离德国躲避纳粹的秘密逮捕后待在挪威的那段时间，就问他是否认识曾三次就任挪威首相的格罗·哈莱姆·布伦特兰。他说认识，因为格罗的父亲参加了抵抗纳粹占领的挪威抵抗组织，他们有时在布伦特兰家中开会，当时，格罗还是个在屋子里跑来跑去的小女孩呢。勃兰特说，他虽然见过格罗，但那以后跟她没有太多联系。（我后来跟格罗提到勃兰特到过她家时，她清楚地回忆起这些事，并且意识到忘了在她最近出版的自传中提到它们。）

次日早晨，弗兰克和我开着从绿色和平组织借来的一辆旧俄罗斯拉达车往南朝着图林根省的弗兰肯豪森驶去。过了中午我们就到了。当我们来到我们所掌握的那个唯一的地址时，住在那里的一个妇人告诉我们，她不知道这个家族，但是她知道住在几个街区之外的一个女人有个童年时代的玩伴曾住在那里。我们找到了这个女人，她又让我们找其他可能有关的人联系，如此寻找下来，到晚上10点时，我终于打通了德国表亲埃尔克·格斯纳（Elke Gessner）和她丈夫乌韦（Uwe）的电话。他们住在距离弗兰肯豪森27千米远的桑格豪森。我们商量好，第二天上午在我和弗兰克住的小旅店的餐厅见面，从这个小旅店可以俯瞰弗兰肯豪森迷人的乡村广场。

弗兰克和我属于世界上最不讲究穿着的人，而埃尔克和乌韦穿得好像要去教堂似的，我们开着一辆破旧的拉达，而他们驾驶的是一辆崭新的标致。埃尔克是一个牙科医生，乌韦是个工程师。显然，当时东德到处弥漫的贫困气息并未使每个人都受到影响。

起初他们很有疑心，每个生活在东德压抑气氛中的人都难免如此。但是在我们彼此交谈、相互交流信息，并一起看了很久以前别人寄给他们的照片后，事情变得很清楚了：我确实是他们的表亲。我觉

开辟新天地——布朗自传

得幸运的是，他们精通英语。我们一起喝着咖啡聊了两个小时，一起吃了午餐。参观了当地的墓地和村子周边地区后，我们一起回到他们在桑格豪森的家中，享用了咖啡和埃尔克自制的糕点后，便直奔柏林机场。

自从那时起，我们家族的成员们便开始互相走访，包括玛丽昂和她的丈夫鲍勃(Bob)，卡尔和她的妻子玛丽 · 卢(Mary Lou)，还有卡尔的孙女莱斯莉(Leslie)和阿莉森(Allison)。1994 年，埃尔克和乌韦第一次旅行到美国，参加了我 60 岁的生日聚会。我的同事丽雅 · 贾尼斯组织了一场令人惊喜万分的生日聚会，是在离我们办公室只有几个街区的宇宙俱乐部的大宴会厅里举办的。她怂恿杰拉尔丁 · R · 道奇基金会负责人麦克维伊(Scott McVay)用计将我骗到活动现场。她邀请了世界各地的人，前来参加聚会的有来自中国台湾的林(Edgar Lin)，利希滕施泰因(Alfred von Liechtenstein)王子，内政部长巴比特(Bruce Babbitt)，演员艾伯特(Eddie Albert)，我上罗格斯大学时的室友吉姆 · 戴维斯，还有我的终身好友汤姆 · 特雷尔和乔安妮 · 特雷尔(Joanne Trail)。我的儿子和女儿，弟弟和妹妹以及他们的配偶，跟我一起踢了 25 年足球的伙计们也都参加了聚会。还有其他许许多多朋友。在接下来的几周里我都惊喜不已。

埃尔克的女儿克里斯蒂娜(Christine)当时还是医学院的学生，而我的女儿布伦达刚从兽医学校毕业。不久，克里斯蒂娜和她的未婚夫到科罗拉多州农场我女儿的家中做客，他们感到十分兴高采烈，这里有马，这些马是用来驱赶、聚拢牛群的，就像在西部电影里看到的那样。

每当我到柏林参加新书发布会，埃尔克和乌韦都会到机场或火车站来接我，我们住在同一家旅店。他们还常常去听我的讲座，参加新闻发布会，我请他们和我一起同德国政要共进晚餐。

我们外公的祖上是起源于欧洲的一个家族的分支。玛丽昂一直在追踪祖先的另外三条线——布朗(英国)、凯恩(Cain，苏格兰)和加拉

开辟新天地——布朗自传

赫(Gallaher，爱尔兰)。

我的演讲邀请函都很有意思，有几封邀请函尤其突出，就像我前面所说，代表了历史的交叉点。例如，1990 年我受邀到位于马萨诸塞州斯普林菲尔德的西新英格兰学院演讲，校方负责接待我的是迈克尔·米罗波尔(Michael Meeropol)。我后来才知道，迈克尔是朱利叶斯·罗森伯格(Julius Rosenberg)和埃塞尔·罗森伯格(Ethel Rosenberg)的长子。1953 年，他的父母因间谍罪被处以死刑后，他和弟弟罗伯特(Robert)由米罗波尔家抚养长大。经济学教员迈克尔是学院倡导环保意识的领袖。

差不多就在那时，我到法兰克福参加《世界状况》的德语版发布会，出版方菲舍尔出版社在当地餐厅安排了 6 个人的午餐。我们在餐厅坐下来后，第 6 个吃午餐的人骑着自行车来了，他把自行车停在离我们几英尺远的地方——这家餐厅是半露天式的——然后跟我们坐到一起。我记得东道主说过，他的名字叫丹尼尔·科恩-本迪特(Daniel Cohn-Bendit)，与在巴黎领导法国大学生游行，最终导致戴高乐(Charles de Gaulle)下台的那位丹尼尔·科恩-本迪特同名。但是他怎么可能是那位丹尼尔·科恩-本迪特呢，因为科恩是法国人，而这位是德国法兰克福人。

我问他："你是丹尼尔·科恩-本迪特，红色丹尼(这是媒体对他的称呼)？"他回答说是的。他解释说，自那时起他便移居德国，并当选法兰克福市议会议员。后来他成了欧洲议会德国绿党的成员。现在他被人称作"绿色丹尼"。我 2006 年在赫尔辛基参加欧洲绿党年会时，**他**采访**我**的视频被放在了绿党网站上。

还有一次是在 1991 年度的《世界状况》报告巡回推广活动期间，一个下午的晚些时候，我在法国总统密特朗(Mitterrand)宽敞的办公室里向他通报情况。我们正在讨论时，他办公桌上的一部电话响了，有一个灯在闪烁。他看了那排电话一眼后说："我还是接吧。"于是，他走过去用法语讲了半分钟左右，然后回来坐下说："是布什

(Bush)总统。我告诉他 15 分钟内给他回电话。”

第二天，我看新闻时，意识到他们通话的主题可能是对萨达姆·侯赛因(Saddam Hussein)拒绝联合国核武器核查人员在巡查时使用直升机这一行为进行回应的一个联合公报。第二天的新闻报道说，布什和密特朗称，他们对侯赛因嘲弄联合国的行为不会袖手旁观。

有时候，在这些历史的交叉点上，还会有好莱坞大明星的出现。1996 年，我同詹姆斯·厄尔·琼斯(James Earl Jones)一起，接受了维拉诺瓦大学颁发的荣誉学位。在招待会上，我问起他的背景情况，他说，他在密歇根州长大，跟祖母生活在她的农场里，他曾是密歇根大学医学预科生。但是，就像我们很多人一样，大学四年级时，他觉得毕业时应征入伍去韩国是个不错的机会。不过他觉得在此之前应该干点有意思的事情。于是他修了一门戏剧课程。世界可能就此失去了一位好医生。

与此同时，世界观察研究所各方面都有进展。截至 20 世纪 90 年代中期，我们已经有 159 份用 25 种语言翻译出版书和杂志的合同。其中，只有两份合同由我们承担印刷费用，即世界观察报告和《世界观察》杂志英语版。

作为一个研究机构的负责人，我不断问自己一个问题，我们的研究成果是否具有市场价值。人们总是对投资者声称自己的研究成果对社会有价值，但是这些成果真的有价值吗？对我来说，要坦然说出这一结论，必须首先证明我们取得的成果是人们愿意购买的。

从研究所成立起，我就力图通过出版物营销方式，尽可能地满足我们的经费预算要求。在研究所运行整一年时，我们通过出版物销售、版税和酬金赚取的收入，共占运行预算经费的 8%。第二年，这项数字上升到 15%，后来不断创新高，即 19%、29%、37%和 46%。1992 年，我们的收入能够支付一半多预算，达到了 65%。

当我 2000 年卸任所长一职时，我回头算算在研究所的前 26 年这段时间，我们的版税、出版物销售和演讲费的收入足以应付研究所运行开支的51%。对于大多数公共政策研究机构而言，这项数字很可能只有2%到5%。据我所知，世界观察研究所做的是其他任何公共政策研究机构从不曾做到过的，的确前无古人后无来者：研究所通过市场推销研究成果来支付研究所一半以上的预算经费。

从很多方面看，世界观察研究所的演变是我个人性格的制度性反映，这是一种对研究工作和研究成果传播的认同感，就我个人而言，这是从1963年的《人类、土地和粮食》开始形成的。其他个性特质在研究所的反映是格外注重研究工作的系统性和坚持追求效率。别的先不论，我们对效率的执着使得员工会议次数少得不能再少，连研究所年度工作报告都不会发布。如上文所述，我们不需要预算人员的编制。研究所人员精简获得了资助方的钦佩和赞赏。最终结果是：我以青少年时期通过西红柿种植经营塑造的企业家本能来塑造世界观察研究所。

世界观察研究所高效的另一个原因是，我除了担任研究所的首席执行官外，还是一名全职的研究人员，并负责募集全部资金。丽雅·贾尼斯有许多头衔，她既是我的助手又是负责特殊活动的副所长，包括管理世界各地的出版网络。丽雅同我一样愿意追求高效率，是个调度专家，包括对我的大量外出行程作出安排。我不论什么时候需要额外的帮助，比如，在周末抄录一篇文章或文章的章节，总是打电话找她。

作为管理者，我要求定期报告各方面的运行情况，包括直邮促销方式的反应、出版物销售的收入、书的版税、预订费、酬金以及经营储备赚取的利润。我密切关注的另一项指标是，《世界状况》报告在高校课程中被采用的情况。随着10年的不断发展，我们出版的一些其他著作，比如《拯救地球》、《多少才是个够？》、《最后的绿洲》以及《谁将供应中国粮食？》也都被广泛用于教学。

到了20世纪末，我们被牢固确立为全世界被引用次数最多的研究机构。其他任何机构同我们相比都差得很远，部分原因是，我们动员了一大批图书出版商和媒体机构来传播我们的研究成果。世界观察研究所已经成为全世界环境分析和信息的重要来源机构。

这并不是说，我们对环境问题的重视被所有的人认同。大多数批评来自极右派。在 ODC 和世界观察研究所期间，批评我的人主要是两个，赫德森研究所的卡恩(Herman Kahn)和美国传统基金会的西蒙(Julian Simon)。他们都对世界观察研究所致力于对环境破坏和资源枯竭的关注表示质疑。他们认为，这些问题可以由技术和市场反应来解决。作为经济学家，西蒙在他的著作《终极资源》(*The Ultimate Resource*)中写道，世界不需要计划生育而是需要更多的人。他认为人是"终极资源"。

西蒙不仅不同意我书中的观点，还显然对媒体报道我的工作成果很感不安。在一次演讲中，西蒙称我的观点"直接违背了农业经济学家的主流方向，然而他却是关于该问题的观点被引用次数最多的作家。为什么呢? 莱斯特 · 布朗和同事们是如何博得整个新闻界和全国人民好感的呢? "

我从不花时间与西蒙争辩。《洛杉矶时报》(*Los Angeles Times*)的麦克杜格尔(Kent McDougal)写道："尽管西蒙的问题很有修辞意味，其实答案似乎就是，世界观察研究所的产品、包装和推广都很有吸引力，尤其对记者而言。"

《世界状况》报告给我们带来了许多有意思的造访者。1997 年初，德国环境部在华盛顿跟我们联系时表示，默克尔(Angela Merkel)部长将到华盛顿来，她想与我们会面。在一个下午的晚些时候，我与默克尔在水门饭店见了面。我们对环境问题的这次讨论非常精彩，毫不拘束，自由开放，一直持续了将近两个小时。默克尔后来写了一本论全球环境的书，该书在很大程度上取材于那次讨论。8 年之后，她出任德国总理。

默克尔的政治生涯在很多方面都是闪亮独特的。首先，她来自东德。她是一名物理学女博士。迄今为止，在她担任德国总理总共 7 年的时间里，不论在德国还是在国际上，她一直都是一个强有力的领导人，从塑造欧洲在世界的角色到辩论如何处理欧洲货币危机，默克尔都有突出的表现。

与此同时，我开始思考我的个人计划。1999 年，当我年届 65 岁的退休年龄时，我开始考虑世界观察研究所如何超越自我的问题。能够促进研究所长远发展的一个办法是创建一个捐赠基金，但是，这样做需要对董事会进行重组，要由那些有资金来源、愿意提供资助的人进董事会。

当我们朝着这个方向发展时，一些新的董事会成员想更多地参与研究所的管理，但我并不准备让他们这么做。在董事会发生这种情况的同时，还有些员工想更多地参与决策，研究所便想走马换将换掉我这个所长。起初我还想争一争，但是，在 65 岁时我决定不值得这么做了。

刚离开研究所的那些年，我偶尔会问自己，我走了研究所能否支撑下去。我怀疑我创建的这个如此多地反映我的兴趣、知识和个性的机构，别人往后是否很难维持它的生存。

再也不能管理这个我倾注了 26 年心血的研究所了，这使我深感沮丧。但是我也知道，我不可能永远维持世界观察研究所。我曾在自己的职业生涯早期向自己保证，如果需要的话，我要随时准备重新开始。

现在，世界观察研究所在恩格尔曼（Robert Engelman）的出色领导下还在运行，但是规模小了很多，现在它只有几种出版物，作者大多是外聘的。《世界观察》杂志停刊了，专题报告也停止发布。

开辟新天地——布朗自传

世界观察研究所的董事会建议我担任董事长，并作为全职研究人员待在研究所。后者对我有一定的吸引力，因为我再也担当不起管理、员工招聘和筹集资金这些重任了，但可以全身心地投入到研究中。我只想到，26 年来都没有意识到，从事自己的研究是多么奢侈的一件事。

但是，这样的安排只持续到2001年初，只有一年左右。我的想法太多了——不仅有研究课题方面的，还有新的研究成果以及信息传播方式方面的。是时候该成立一个新的机构了。丽雅·贾尼斯也是这么认为的。我们开始为将要成立的地球政策研究所寻找办公地点。但是，在这个新的研究所的故事开始之前，还有一个故事要告诉大家。

第十章

中国粮食大辩论

在《世界观察》杂志1994年9/10月号上，我发表了一篇题为"谁将供应中国粮食？"的文章。8月末的新闻发布会只产生了一点点反响。但是，当该文在那个周末以"中国将如何使世界挨饿"（How China Could Starve the World）为题在《华盛顿邮报》"展望"版转载时，却在北京引发了一场政治风暴。

星期一上午，在中国农业部的新闻发布会上，王宝瑞副部长放了第一炮，他宣布中国官方不同意这种分析。他声称，到2025年，中国的谷物产量将会翻一番，满足日益增长的粮食需求，毫无问题。

对于中国人来说，中国可能有朝一日需要进口大量谷物是个敏感的话题，这一点我早有思想准备，但是完全没有料到，他们的反应会如此强烈。中国的"大跃进"运动后出现的1959—1961年大饥荒只过去了33年。"大跃进"运动是毛泽东为了加速中国工业化的错误构

开辟新天地——布朗自传

思。比如，它包括建立数十万个小高炉生产钢铁，可是一个也用不上。从农业抽走大量劳动力去建高炉、挖煤、开铁矿，使谷物收获量陡降，导致大约3600万中国人死于饥饿。

这次巨大的饥荒显然给中国的民族精神造成了创伤，其程度甚至是我们无法想象的。由部分粮食供应可能要依赖于外部世界而带来的不安全感，在心理上是难以接受的。它也是政治上的忌讳，甚至成为口头禅：中国历来是，将来也必然是，自己养活自己。

直到11月初，当我在东京接受日本的蓝色星球奖的时候，事情才平息下来。在那里，路透社记者德本荣一郎(Eiichiro Tokumoto)问我能否阐明对中国粮食前景的分析。我们详细讨论了为什么中国很可能会严重依赖于大量进口外国粮食。他的报道由路透社向全球播发，当然中国也知道了。

此后不久，《中国日报》(*China Daily*，英文版)刊登了中国科学院研究员胡鞍钢的一篇文章。他认为我的分析既不可信也不科学，不屑理会。他十分自豪而严正地指出，从1949年新中国成立以来，谷物产量飞速增长。他接受我所作的随着人口增长和收入增加，未来的谷物需求必将增加的预测，但却批评我对谷物产量前景的不乐观态度。他的主要论点是：中国谷物增产潜力巨大，而我却低估了。

让中国人迷惑的是，一个外国人，既不是中国通，对中国的农业显然也不甚了解，居然会作出像我那样的预测。但是，我的分析和预测并非凭空而来。多年以前，我就关注过在工业化之前就已经人口密集的国家和地区的谷物供需平衡的变化模式。首先是日本，随后是韩国和中国台湾。

由于工业化的速度加快，伴随收入增加的是谷物需求的增长。对农产品市场扩大的反应首先便是谷物产量开始增加，但是，有两方面的因素使得这种增加是“短命”的。第一，工业化需要土地。建设工厂和库房需要土地，修筑铁路、公路乃至停车场也需要土地，这是现代工业经济的特点。占用土地，必然导致耕地面积的不断减少。

第二，工业工资的提高，把劳动力从农村拉向城市。在人口密集的国家，由于力求谷物自给，复种早已高度发展。这种强化生产需要大量的劳动力，要有足够的劳动力抢收一茬作物，随即准备苗床并播种下一茬作物。在农场规模相对较小的国家，在工业化开始之前，农村拥有的劳动力是扩大复种的关键条件。这种关键的农村劳动力的流失会被证明是灾难性的。比如日本，在 1960 年，每英亩耕地平均种 1.4 茬。如今，日本农民平均一年只种 1 茬。需求增加而产量下降，进口量就迅速攀升。

日本、韩国和中国台湾等地约 70%的谷物供应将依靠进口只是早晚的事。这三个地方作为主食的大米基本上都能自给。但是，小麦却几乎全部进口，还有玉米这种可使牲畜和家禽养殖业迅速扩大的谷物也是依靠进口。我把工业化之前人口已经密集的国家或地区的这种从谷物基本自给到严重依赖进口的发展过程，叫做“日本综合征”。

同样的过程也会在中国出现，这几乎是不可避免的。中国固然是个大得多的国家，可是，人口密度一直很高，13 亿人口中的 12 亿左右是居住在东部和南部的省份，其面积不到整个国土面积的一半。中国的其余部分，大部分是高山和沙漠，荒无人烟。

1988 年，我的世界观察报告专著《变化中的世界粮食前景》(*The Changing World Food Prospect*)讨论了“日本综合征”及其与中国的关联。我的意图是提醒领导者，对进口谷物依赖的趋势迅猛惊人。

在 1978 年经济改革之后，中国的农业从政府组织的大型生产队转向“家庭联产承包责任制”，把集体合作所有制的大块土地，分为小块租给个体户耕种。同时，政府通过大幅度提高农产品收购价格以大力加强对农业的支持。这些措施使中国的谷物产量从 1977 年到 1984 年增加了一半。这是采取开明的农业政策所取得的显著成就。

开辟新天地——布朗自传

但是，在这次产量猛增之后，北京放松了对粮食方面的重视，又开始专注于工业化。如果中国大陆像邻国日本和韩国一样，大部分自己所需的谷物最终也要进口，那么，世界谷物出口供应的压力将大大增加。世界能够满足1.2亿人口的日本所需的70%的谷物，可是12亿人口的国家也要同样份额的粮食，那可是极大的挑战了。

《世界观察》上的这篇文章所引起的重视，超过我写过的其他任何东西。除了这个杂志的5种语言版——英语、日语、中文、德语和意大利语，它还以文摘的形式出现在《华盛顿邮报》、《洛杉矶时报》和《国际先驱论坛报》(*International Herald Tribune*)等世界著名报刊上，并同时由《洛杉矶时报》和《纽约时报》在国际上传播。美联社和《华尔街日报》(包括亚洲版)等主要媒体还发表了评论。

1995年2月初，我应挪威首相布伦特兰的邀请，在挪威的奥斯陆召开的国际环境部长会议上作报告。这个会议的主题是可持续发展。在我的报告中，我给“可持续发展”下了定义——即：满足当前需求而又无损于子孙后代前景的过程——并概述了实现“可持续发展”所需采取的战略。这当中，我以中国可能成为大量进口粮食的国家为例，阐述了粮食方面面临的若干挑战，提醒说：这将迫使世界各国拾起忽视已久的问题，比如，必须稳定人口，必须给农业更多的投入。

报告之后，喝点午后咖啡略事休息，我便赶往飞机场，以便赶上在斯德哥尔摩的一个晚宴。后来我得知，中国驻挪威大使解振华在后面的会议中要求安排额外发言。他声称，我的论述会让人产生误解。《印度时报》报道了他的发言，称“我们历来重视农业生产。我们的计划生育非常成功。科学、技术和经济增长始终给我们以支撑”。他在发言最后重复了我的问题：“谁将供应中国粮食？”然后严肃地回答：“中国人永远靠自己养活自己。”

第二天早晨，解振华大使显然受到北京方面发来的新信息的鼓舞，举行记者招待会指出，“毫无疑问，中国不需要依赖别人来养活，中国人靠自己解决自身的问题。”

在奥斯陆会议后不久，苏黎世的一次会议集中讨论利用技术以解决粮食安全等问题。我早就见过的中国科技部部长和我都在会议上发了言。部长和他的副手一个唱红脸一个唱白脸。部长在发言中对我的个别论点作了正面评价，但是在开始提问和回答的时候，坐在听众席中的他的副手便站起来，大声地强烈质疑我报告中的许多基本论点。

对杂志上发表的这篇文章的总体反应让我感到，有必要对中国的农业进行更详细的分析。于是，1995 年 9 月我出版了《谁将供应中国粮食？》一书，媒体对此书的评论沸沸扬扬。最有趣的反应之一是，在华盛顿，位居美国所有情报机构之上的美国国家情报委员会分析了中国谷物需求日益增长的效应以及可能产生的种种安全威胁。由时任哈佛大学地球和行星科学系主任的麦克尔罗伊(Michael McElroy)率领的一组知名学者，搞出了一份长达数百页的一流研究报告。

该小组的结论之一是：根据卫星数据，中国的耕地面积远大于官方的报告。他们说，中国固然能够增加产量，但是在不久的将来，它一定会进入世界市场购买大量的谷物。他们还认为，水资源短缺、土壤流失以及污染严重的空气，都会威胁中国的农业前景，基本上肯定了我的分析。

此外，有关中国粮食供应问题的会议、座谈会和研讨会数以百计，我的日程只允许我参加其中的一些。其中之一是 1996 年初由哈佛国际事务中心组织的。会议为期两天，汇聚了一大批经济学家、外交事务分析家、农学家、中国学者等等。会议的主题是“中国粮食供应：当今乃至 21 世纪”，会议报告人有麦克尔罗伊、经济学家萨克斯(Jeffrey Sachs)和我。

同时，在中国国内，每隔几周便有一篇文章试图论证我的分析为什么是错误的。这些评论者身份各异，如中国科学院的科学家，农业部的官员和独立学者。不久，一家中国出版社出版了一本论文集——《莱斯特 · 布朗与中国的大辩论》(*The Great Debate Between Lester Brown and China*)，收集了我在《世界观察》上发表的文章以及对之进行评论的文章。我并不在意中国政府对我的工作的批评。不可思议的是，《谁将供应中国粮食？》在中国受到的批评越多，它获得的可

开辟新天地——布朗自传

信度也越高。

1995 年 5 月初，中国农业部科学技术司司长程序在华盛顿邀我共进晚餐。他给了我一个厚厚的资料夹，其中包括我在《世界观察》上发表的文章的复印件，以及一摞回应文章的复印件，绝大多数是中文的。程先生说，我的文章的主要贡献是让中国的领导人更加重视农业。他说，他向我提供这些文章，是由于他非常看重我的参与，更看重通过辩论的途径使发展中国农业所需的各种资源得以增加。许多中国农业界人士早已发现这些问题却无法说得清楚。在某种意义上说，我成了他们的代言人。

香港《南华早报》(*South China Morning Post*)驻京办事处主任贝克尔(Jasper Becker)在对我的工作的评论中写道："[布朗的]意见惊动了共产党的高层领导，而政府的反应是组织研讨会予以反驳。在国家计划委员会任职的农学家雷锡禄承认：'谷物是民生之本，在促使政府加大对农业的投资方面，布朗作出了巨大贡献。'在过去的 40 年中，几乎没有其他外国人能像布朗那样撼动中国领导人的信心。"

尽管我的分析受到官方的抨击和指责，中国还是在农业方面突飞猛进，采取了全面措施以保证谷物自给自足。政府迅速推广若干增产方法，包括谷物支持价提高 40%，大幅度增加农业信贷，巨额投资用于小麦、稻米和玉米的高产品种的开发。

到目前为止，与中国官员最有意思的一次不期而遇是在国际行动理事会 1995 年 4 月的一次会议上。这个理事会于 1983 年由日本前首相福田赳夫(Takeo Fukuda)创建，理事会主席是德国前总理施密特(Helmut Schmidt)，其成员均为各国的前首脑。理事会一直遗憾于没有中国前首脑参加，因为当时中国首脑都是终身任职。在东京召开的那次会议，他们的安排不是邀请中国的前首脑，而是邀请了黄华，此人从 1976 年到 1992 年先后担任外交部长和国务院副总理，79 岁时退休。

这次国际行动理事会年会的特点是集中讨论人口、粮食和开发援助。他们邀请了作为官方开发援助专家的联合国人口基金负责人萨迪克(Nafis Sadik)和世界银行前行长麦克纳马拉(Robert McNamara)，还有作为粮食专家的我。在报到时，我得知黄华是我的报告的讨论方。更为有趣的是，我还没作报告，他就已经准备好了对我的报告所作评论的复印件，而且在会议开始的时候就发给了理事会的各位成员。这令我很震惊，也很兴奋。因为如此显赫的退休政要居然也加入到这场争论中，以继续对我的工作的质疑，并使参加会议的各国前首脑确信，中国过去是、将来也是靠自己养活自己。

我们大家都住在东京的王子宾馆，每天乘大巴来往于宾馆与联合国大学的会议中心。由于有如此之多的各国前首脑参加，安保工作十分周密，大巴来往都有武装护送。有一次乘坐大巴时，我和黄华坐在一起，这使我有机会向他提一些问题，比如，在逃离蒋介石统治区向西北长征时期，他在什么地方？他说，自己在长征的目的地延安有过短暂的停留，并且一度在外接应那些大多快要不行了的掉队者，帮助他们进入根据地。

黄华有两个儿子，一个毕业于哈佛大学，另一个毕业于密苏里大学。在晚间的一次招待会上，我遇上了在密苏里学习过的那个儿子，他现在在香港工作。我们交换名片之后，我惊奇地发现他是在美国投资公司美邦工作。多么强烈的对比啊：只一代人的时间，这个家庭就从长征走到了美邦。

第二天傍晚在东京湾的晚餐巡游之旅更为有趣。黄华的夫人何理良是一位有专业素养的人口学家，她事先约我在晚餐游艇上坐到一块，我对她的邀请虽然感到很意外，但还是同意了，迫切期待有机会和她交谈。当我们在相邻的座位上坐下之后，穿着中式旗袍的她打开手提袋，取出一张折叠过多次的纸张。那是从《世界观察》杂志上复印的那篇文章《谁将供应中国粮食？》，上面用铅笔批上了许多汉字。她大约花了一个小时的时间，逐段地解释我文章中的“错误”。我开始感到自己像是间谍小说中的一个人物。

开辟新天地——布朗自传

直到黄华于2010年11月逝世之后，我才从他的讣告中了解到，自20世纪30年代中期以来，他在中国扮演了多么关键的角色。他曾在北京就读于美国教会大学*，所以他精通英语。斯诺（Edgar Snow）是该校教授，当1936年斯诺想要采访毛泽东及其战友时，身为中国共产党党员的黄华陪同斯诺前往毛泽东居住的陕西窑洞。在斯诺为写作《西行漫记》（*Red Star Over China*）而收集素材期间，黄华担任斯诺的翻译，该书是关于那时正在开展的共产主义革命的经典著作。

在革命时期，黄华是共产党军队杰出统帅朱德的助手。1949年中华人民共和国成立时，黄华开始在外交部工作，参加过朝鲜战争停战协议的谈判。在20世纪60年代，他就任中国驻加纳和驻埃及的大使。他和夫人于1969年回到中国，"文化大革命"期间被下放到农村生活和工作。

1971年7月，黄华受命在北京秘密会见基辛格（Henry Kissinger），这次会见为尼克松总统于1972年2月进行的访华会谈作好了铺垫。在安排尼克松访问中国和恢复中美两国外交关系的过程中，黄华扮演了重要的角色。中国于1971年取代中国台湾在联合国的席位，黄华成为中国在联合国的首位常驻代表。

回顾往事，我敬佩黄华夫妇让我接受了关于中国农业的"再教育"。作为为数不多的在20世纪30年代中期与毛泽东一起住过延安窑洞的人之一，黄华直到20世纪90年代初期都一直身居要职。

随着时间的流逝，中国的领导人领会并且承认《谁将供应中国粮食？》有助于他们转变思路。1998年年底的一期农业周报《饲料》（*Feedstuffs*）引用了农业经济学家、北京智囊团高级人士卢迈的一段话："布朗似乎成了备受推崇的学者，'犹如外来的和尚会念经'。"

* 即燕京大学。燕京大学是由美国长老会、美以美会、美国女公会、公理会、英国伦敦会等联合在北京开办的大学，创办于1916年，司徒雷登任校长。——译者

后来，我2006年会见温家宝总理时，他对我说的第一句话是："你的书对我们非常有帮助。"同年，中国国家图书馆(相当于美国的国会图书馆)授予我的《B模式》(*Plan B*)一书中文版以"文津奖"(此书在第十一章中将有更多介绍)。上海大学2003年授予我荣誉教授称号。中国科学院研究生院* 2005年授予我荣誉教授称号。中国水利水电科学研究院2008年为表彰我对世界水问题(包括中国水问题)的研究成就，授予我荣誉教授称号。

开辟新天地——布朗自传

* 中国科学院研究生院于2012年更名为中国科学院大学。——译者

第十一章

地球政策研究所：《B模式》写作时期

丽雅·贾尼斯·考夫曼和我开始筹划地球政策研究所是在2001年初。我多年的老朋友罗杰·桑特和维基·桑特为我们提供了50万美元的启动资金，正如27年前洛克菲勒兄弟基金会为创办世界观察研究所提供捐赠那样。拉森(Janet Larsen，那时是我的研究助理)和米莉森特·约翰逊(Millicent Johnson，书籍发行经理)也离开了世界观察研究所，成为新机构的核心。这是我们这个后来的8人机构的前一半人员。我们的目标十分明确：为世界脱离衰落崩溃之途，走上环境可持续发展之路提供模式。

从世界观察研究所搬到杜邦环岛新办公室安排在2001年5月的第一个周末。丽雅和米莉森特组织迁居，而我则躲在寓所写作地球政策研究所的第一本书：《生态经济——有利于地球的经济构思》(*Eco-Economy: Building an Economy for the Earth*)。

虽然铺地毯得等几个星期，家具大多也还没到货，但在搬进新址后两天，我们就召开新闻发布会，宣布成立这个新的环境研究机构。记者们踩着裸露的水泥地被逗乐了，他们定会觉得自己有见证创业的感觉。两周过后，我们又召开了一次新闻发布会，发布了研究所的首个出版物：4 页纸的《地球政策警示》(*Earth Policy Alert*)，内容是有关中国西北部正在形成的尘暴区和每年冬末春初都会产生的沙尘暴。遇上适当的天气条件，这些巨大的沙尘暴能够跨越太平洋，将沙尘撒落到美国的西部。中国华北平原的表土向外输出——并付出了巨大的代价。

为了不让自己有任何懈怠，一周后我们安排了另一场新闻发布会，这次是针对布什/切尼能源计划，即与化石燃料企业秘密协商的能源计划。这个新计划考虑建设的几乎完全是使用煤、核能和天然气的发电厂，连个“风”字都没提到，尽管风能是从很小的基数开始起步的，但已经是美国增长最快的发电资源。令人遗憾的是，美国这个现代风力发电产业的发起者却自甘落后于欧洲。C-SPAN* 完整报道了我们这次关于未来电力资源信息的新闻发布会，并在其后几周多次播放。

当《生态经济》一书完稿后，我们就把它交给了斯塔克，她负责我所有书的编辑工作几乎有 20 年之久。书稿不久便被送交诺顿出版社，几个星期内首次印刷的 40 000 册就印好了。

2001 年 9 月 11 日，在该书发行前不久，《纽约时报》给我安排了一次午餐会演讲。我在活动的前一天晚上乘火车到纽约，因为我和联合国人口基金的项目负责人斯克鲁格斯(Stirling Scruggs)约好要一起用早餐，讨论给研究所提供基金的事宜。斯克鲁格斯的答复很肯定。我便随后回到第 54 街与第 6 大道交叉处的希尔顿酒店起草另一份文

---

* C-SPAN 全称为 Cable-Satellite Public Affairs Network，即美国有线卫星公众事务网络，是美国一家提供公众服务的非营利性的媒体公司，1979 年由美国有线电视业界联合创立。——译者

开辟新天地——布朗自传

件，一直到午餐时间。

过后不久，我的女儿布伦达从科罗拉多州给我打来电话。她先是打到华盛顿我的办公室，结果得知我在纽约，这使她担心不已，于是又马上将电话打到我住的酒店，看看我在哪儿，正在做什么。当我似乎对她的电话有点疑惑不解的时候，她说："爸爸，打开电视。"像许多人那样，我从屏幕上看到了世贸中心双子大厦受到攻击的场面，我刚明白过来，南塔楼便倒塌了。我们的电话一直连着线，布伦达在她的皮卡货车上收听广播，我在看电视，试图捕捉该事件的意义和规模。

我从希尔顿酒店房间的窗口可以俯瞰第6大道，我看到很多人向北涌去。地铁已经关闭，事务机构都停止了办公，正向外疏散人员。数万人正往家走。

午饭前，我下楼往《纽约时报》报社办公室走去，想确认一下是否没人想到我会去，那时候他们还在第43街西229号办公，靠近百老汇。这很快就被确认了。报社一团混乱。我沿着百老汇往南走，想靠近些查看双子大厦的坍塌情形。

这种情况实在令人难以接受。据初步统计，死亡人数超过2000人。电视评论员，比如詹宁斯(Peter Jennings)，把"9 · 11"事件与1941年12月7日日本偷袭珍珠港相比拟。世界在2001年9月11日这一天改变了。随后，公众知道发起袭击的是基地组织，后来我们知道它的头目名为本 · 拉登(Osama bin Laden)。

在下午的晚些时候，我和罗德岛大学通了电话，看看原定次日下午在该校秋季大会上作报告的安排是否已被取消。他们说希望能如期举行，所以下一步要确认美国铁路公司是否在运营。出乎意料的是，我预订的上午8点的火车只晚点了半个小时。当我们启程，穿过东河来到河对面时，我回头看了看曼哈顿天际线。那一刻，我才真正被这场袭击的严重性所震撼。

尽管前一天发生了"9 · 11"事件，但我的大会报告很成功，我立即乘火车回到华盛顿。虽然《纽约时报》安排的午餐会演讲没能进行，《生态经济》一书还是引起了全世界的热烈反响。在自发赞扬该书的人士中，著名的生物学家 E · O · 威尔逊(E. O. Wilson)称《生态经济》为“瞬间成为经典的著作”，时任以色列副总统的佩雷斯(Shimon Peres)认为它“及时探讨了全球性最新课题”，挪威前环境部长布伦德(Børge Brende)称赞它是“一本非凡的启迪思想的著作”!

《生态经济》被翻译成 18 种语言，有的是同一语言有好几个版本。比如，英语有三个版本：北美、印度、英国及其联邦。中文有中国大陆的简体字版和中国台湾的繁体字版两种版本。西班牙语有两个版本，一个在西班牙本土发行，另一个在拉丁美洲发行。

在《生态经济》受到世界广泛关注的情况下，我们首先要做的事，就是将什么是与地球和谐相处的经济按我们的理解告诉大众。世界迫切需要的是答案。

那个时候，我清醒地认识到，设计一个模式来扭转逐渐损害我们经济的趋势，不是一蹴而就的。它是一个渐进的过程，要不断运用先进技术，利用政策突破和日益加大的地球生态系统的压力效应。保持这个模式的与时俱进，需要我们 8 个工作人员全力以赴：我们 8 个人中，5 位是研究员，3 位负责对外联络、销售和行政管理。

在准备模式升级版的过程中，有一次我和华莱士全球基金的凯瑟琳 · 卡梅伦(Catherine Cameron)女士共进午餐。当我介绍我们的工作情况时，我问她对书名有什么意见。也许因为她的基金会是研制紧急避孕药“Plan B”的最早发起者，她随口说道，“我觉得，这听起来像是‘Plan B’。”书名便这样定了下来。

开辟新天地——布朗自传

一段时间以来，对生态学家来说很明显的是，“一切照旧”(即我们所称的“A 模式”)已不再可行。如果砍伐森林、过度耕作、过度放牧、过度抽取地下水、过度捕捞和过度增加大气中二氧化碳浓度的环境趋势继续发展下去，我们的文明将无法延续。那是一幅暗淡的前景。

《生态经济》和4本系列的《B模式》(*Plan B*),以及2011年出版的《崩溃边缘的世界》(*World on the Edge*)*,都是沿着相同的思路。每本书的前一部分致力于证明和描述损害经济以及未来的环境破坏趋势,后一部分则是对扭转这些趋势的"B模式"的概述。

B模式有4个方面的内容:稳定人口,消除贫困,在2020年之前减少80%的二氧化碳排放和修复经济的自然支持系统,包括森林、草场、耕地和渔场。

我们不仅要给出解决问题的答案,还对相关的财政成本提出概算。在2003年出版的第一本《B模式》中,提出了消除贫困和稳定人口的预算,每年的总数是620亿美元,其中包含普及初等教育、基本保健,以及提供生育保健和计划生育服务的年度经费预算。

在《B模式2.0》(*Plan B 2.0*)中,对我们研究的大多数问题比我了解得更多的研究所现任研究主任拉森提出的"修复地球预算",计算了诸如植树造林、水土保持,以及为保护海洋渔场而废除海滨公园等措施的费用。这样,保护世界经济的自然支持系统的每年开支增加到930亿美元。再加上我们社会目标预算的上调,我们现在需要的年度财政支出为1610亿美元。

在《B模式3.0》(*Plan B 3.0*)中,模式变得更加全面也更加雄心勃勃了。为了确定为避免气候变化陷入不可控制的局面所需削减的碳排放,我们要从科学入手,而不是政治上的作为。我们不问政治上的可行性,而是问:需要以多快的速度削减多少碳排放,才能保住格陵兰的冰盖,避免海平面最终上升7米?或者是:需要以多快的速度削减碳排放,才能至少保住喜马拉雅山和西藏高原的大冰川——这些冰川的融冰在旱季维系着亚洲的主要河流和灌溉系统。这就是为什么

---

* 参见《崩溃边缘的世界——如何拯救我们的生态和经济环境》,莱斯特·R·布朗著,林自新等译,上海科技教育出版社,2011年。——译者

我们认为到 2020 年而不是到 2050 年，必须削减 80%的碳排放的原因，正如许多政治领袖已经提出的。

格陵兰是我们全球社会的一个象征。倘若我们削减碳排放的速度不足以拯救格陵兰的冰盖，也许就不能拯救人类自身的文明。如果到了海平面升高无法遏制的地步，那么，改变的将不只是我们如何思考未来，而是更根本的——我们如何看待人类自身。迅速削减碳排放有众多的理由，比如，热浪使作物枯萎从而导致 2010 年和 2012 年俄罗斯小麦减产以及 2012 年美国玉米减产所显现的威胁，但是，我们不必在冰川融化之后再去考察人类文明在气候方面的困境。

在我们开始考虑《B 模式 3.0》的时候，一位一流的能源模型专家多恩(Jonathan Dorn)加入了我们的队伍。他提出的能源模型，使我们能够详细论述如何通过提高能源利用效率，从化石能源转向风能、太阳能和地热能，停止砍伐森林等综合措施，使得到 2020 年时世界能够减少 80%的碳排放。另一位同事穆尔(Frances Moore)设计的碳模型，使我们能够说明 B 模式如何能够使大气中的二氧化碳浓度于 2020 年控制在 400 ppm。一旦做到这一点，我们就能真正集中考虑降低二氧化碳水平了。

有了详细的能源模型，还不能大幅度改变创造可持续文明的预算，因为，B 模式主要是依靠税收来重新构建低碳能源经济。难题在于提高碳排放税的同时，要靠降低所得税来补偿。实际上，我们能够利用中性税收政策达到环境的目标。一开始我们考虑的是，如果能够建立“真正的市场”，也就是把燃烧化石燃料的间接成本(如大气污染和气候变化)也计入汽油和燃煤发电的价格，那么，世界能源经济将自己重新构建。这种战略就是建立“诚实市场”，使可再生能源能够迅速取代化石能源。

在《崩溃边缘的世界》中，我们指出，为了消除贫困、稳定人口、修复经济的自然支持系统(森林、土壤和水资源等)，最新估计每年需要增加财政支出 1850 亿美元，只要从国防开支中划出很小的一

开辟新天地——布朗自传

部分即可。1850 亿美元还不到美国国防开支的 1/3。而这只占全球军费开支的 1/8。我们不能说，我们没有能力使世界经济从衰落和崩溃的道路转上可持续发展的道路。

我所谓的社会变革三模式，有助于我们考虑如何在世界上作出必要的变革。一是“珍珠港模式”，一个灾难事件改变了一切。二是“柏林墙模式”，逐渐形成的压力达到临界点，突然引起广泛的社会变革，有时候甚至是一场政变。柏林墙的倒塌，是东欧各国政府制度变革的象征。2011 年群众上街游行推翻专制政权统治的“阿拉伯之春”运动是这种变化模式的再现。第三种模式，我把它叫做“三明治模式”：大众要求变革的自下而上的压力，与上层的改革愿望相结合。这是美国目前正在运用的一种推动环境进步的模式。例如，塞拉俱乐部基于草根的“超越煤炭运动”由于环境保护局限制燃煤电厂污染大气的法规而得以发展壮大。到 2013 年初，522 个乡镇煤矿中的 142 个已经关闭或者即将关闭。

我们希望地球政策研究所能够为基层大众提供“弹药”，为顶层人士制订政策措施提供思路。

每当我对一个问题有新的思想要表达出来时，我就把它写成一篇文章，发表在《华盛顿邮报》、《纽约时报》或者伦敦的《卫报》上，或者就刊登在我们的 1200 字的“B 模式快讯”上。我们把这些快讯通过电子邮件按名单不仅发给世界各地的编辑、记者、博客博主，也发给一些家庭和社交网络。我们还召开远程发布会，集中关注特别需要的政策变化。

例如，在 2006 年，地球政策研究所成为反对用谷物生产汽车燃料的先锋。我们一开始用醒目的标题“超市和加油站展开谷物之争”在“快讯”发布消息，指出装满一个 SUV 油箱所需要的谷物足够一个人吃一整年。紧接着便发表了两篇文章。第一篇《毁灭的欲望》(Appetite for Destruction)，刊登在《财富》(*Fortune*)杂志 8 月号。另一篇《饿着肚皮喂汽车》(Starving the People to Feed the Cars)，在

《华盛顿邮报》周日“展望”版以及其他21种报纸上登载。对我来说，这不是一个令人担心的新问题。从1978年用谷物炼制乙醇计划开始，我便在关注它对谷物价格的潜在影响。实际上，我在1981年写了一篇世界观察报告《粮食或者燃料——对世界农田的新争夺》(*Food or Fuel: New Competition for the World's Cropland*)。但是，直到卡特里娜飓风袭击墨西哥湾炼油厂，汽油价格涨到一加仑* 3美元，投资于谷物炼制乙醇才有暴利可图。伴随卡特里娜飓风而来的确实是这方面的狂热投资。

2007年1月初，我们最新发出的“快讯”指出，生物燃料企业大大低估了炼制乙醇的谷物用量。这次对企业的系统低估报告的曝光十分必要，因为美国农业部只靠企业的数据，而不去跟踪用谷物炼制燃料本身。我们随后又发出一期题为“美国大量使用谷物生产汽车燃料，正在提升世界粮食价格”的快讯。这些报道激发出数百条新闻报道，大约有160家网站都转发了粮食与燃料的快讯或给出了文章链接。2007年6月，我应邀到国会山向参议员博克瑟(Barbara Boxer)和环境与公共工程委员会为这个问题作证。在6年失控的增长后，用于生产汽车燃料的谷物用量于2011年达到顶峰，现在不断下降。

地球政策研究所参加辩论的另一个问题是“瓶装水”，因为它的销售是个大骗局。用来说服大众的巧妙广告是：瓶装水比自来水更安全而且更可口。事实上，自来水的质量标准一般都比瓶装水严格得多。瓶装水的成本是自来水的1000倍，可是，往往就是同样的产品——自来水——经过包装，然后花费大量的燃料从瓶装水生产地用卡车运到销售点。拉森已经成为这个问题的专家。

2011年6月，拉森写了一篇题为“癌症死亡率在中国居首”(Cancer Now Leading Cause of Death in China)的快讯。一般地说，一个国家在发展初期传染病的死亡率最高。随着国家发展，现代化疾

开辟新天地——布朗自传

* 1加仑约为3.8升。——译者

病，主要是心血管疾病的死亡率将会更高。中国正处于发展的中期阶段，由于污染失控，癌症死亡率直线上升。根据“癌症村”数目快速增加，以及我们了解到的癌症患者接触污染物与发病的时间间隔情况来看，这种状况看来还会更加恶化。

我们从事环境及与环境相关的问题的广泛研究。多年来，我一直在敦促日本这个世界上地热能最为丰富的国家之一，像许多其他国家那样把地热能作为发电能源。信服核能的人的标准回复是，开发地热能会破坏他们国家的公园，因为它们都处在地热能所在的位置。事实上，地热能几乎遍布全日本，而且它是世界上最便宜、最安全、最洁净的电力资源之一。

2011 年 3 月，在地震和海啸引发了日本福岛核电站事故之后，我们又将地热能问题提出来讨论。能源专家罗尼(Matt Roney)及时写了《是重新思考日本能源未来的时候了》(Time to Rethink Japan's Energy Future)一文。他的一个很基本的论点是：日本有丰富的地热能。日本拥有近 200 座火山和 28 000 个温泉，现成就有足够的可开发的地热能取代它的核电站。他的计算成了媒体讨论日本能源未来时的参照点。目前，日本终于提出了官方的利用地热能发电的规划。

作为一个研究所，我们面临的一个挑战是：在面对不断增长的全球经济和不断提高的期望时，如何帮助世界了解资源的有限性。2005 年，我们决定写一篇文章，看看如果中国的人均收入达到美国 2005 年的水平，其对资源的需求会发生什么情况。按经济年增长率为 8% 计算，中国将在 2031 年达到这个水平。到那时，如果中国模仿美国的消费模式，每 4 个人有 3 辆汽车，则中国将有超过 10 亿辆汽车，多于目前全世界的汽车拥有量。这些汽车消耗的汽油将超过世界的产量。中国使用的纸张将比 2005 年全世界的消费量都多。计算一下中国对这些资源和其他各种资源的消费就可发现，显然，美国的消费模式在中国行不通。在世界的其余国家也行不通，就是美国，时间长了也不行。

我们为这篇快讯举行的新闻发布会，来参加的记者寥寥无几。由于某种原因，他们不想立即加以报道。但是，那天晚上美联社记者曼（William C. Mann）也许在值夜班时无意中看到了我们发布的新闻，他写了一条新闻于第二天凌晨2:43发出。那天早上我到办公室时，电话正响个不停。最早打来的电话之一来自莫斯科的一家与《华尔街日报》地位相当的俄罗斯报社。随后便是来自欧洲的电话，包括伦敦的《金融时报》（*Financial Times*）和BBC国际部。记者们对计算结果很惊讶，但是，也很纳闷怎么以及为何是我们披露这个相当令人吃惊的推测。遗憾的是，这条新闻因其令人震惊的计算所造成的轰动只持续了很短的时间，随后就从雷达屏幕上慢慢消失了。但是，问题依然存在。

在地球政策研究所，我们试图预测和解释突然出现的趋势，如新食物地缘政治学。20世纪下半叶的大部分时间，在国际农业贸易中，最重要的问题是进入市场，是美国、加拿大、澳大利亚和阿根廷能够如何联合施压，迫使欧洲和日本开放自己的市场。但是，随着我们进入新世纪，我断定最重要的问题将很快变为进入供应。由于在2007年末和2008年初粮食供应紧张，同时谷物价格上涨到创纪录水平，一些国家为了保持对国内粮食的价格控制，开始限制谷物出口。俄罗斯和阿根廷限制小麦出口。越南作为世界第二的大米出口国，为了尽量保持对国内粮食价格的控制，限制出口几个月。进口国陷入了恐慌。

突然间，这些进口国意识到：它们不再能依靠世界市场提供需要的谷物。它们的反应是，试图从其他国家购买或者租赁土地生产粮食，以满足它们的进口需要。截至2010年，沙特阿拉伯、韩国和其他国家总共购置了0.57亿公顷土地，这些土地大部分在非洲，一部分在拉丁美洲，也有一些在东南亚，面积相当于美国种植小麦和玉米的面积。

开辟新天地——布朗自传

通过归纳这些分析，我写了《新食物地缘政治学》（The New

Geopolitics of Food)一文，刊登于《外交政策》(*Foreign Policy*)2011年5/6月号。在我所写的文章中，它是继1994年的《谁将供应中国粮食？》之后，引起最多关注的一篇文章。

在这篇文章中，我在提要中指出，土地购置经常伴随着水购置。例如，由于埃及缺乏降雨，农业完全依赖尼罗河的灌溉。苏丹和埃塞俄比亚两国占有上尼罗河流域70%的土地，是外国政府和企业首选的土地购置目标。已经有数百万英亩的土地被购置。而灌溉它们的水，大部分来自上尼罗河，这意味着流到埃及的河水将越来越少。在2011年6月，我在《纽约时报》的专栏上，就这个问题发表了《当尼罗河干涸的时候》(When the Nile Runs Dry)一文。

感到在食物战线上来自这些问题的压力即将来临，我把相关的分析扩写成了一本书：《饥饿的地球村——新食物短缺地缘政治学》(*Full Planet, Empty Plates: The New Geopolitics of Food Scarcity*)*，于2012年9月出版。主要的论题是：世界正在从以富余为主转为以短缺为主。在过去的10年中，每年谷物的需求量都翻一番，而产量的限制使农民越来越难于满足需求的增长。大约30亿人正在向食物链的高端攀升，消费更多谷物密集型的牲畜和禽类产品。结果，世界对谷物需求的增长，从10年前的每年增加2100万吨上升到目前的每年增加4100万吨。

我通常想通过写作对外宣传自己的思想，但是偶尔也和重要决策者直接交谈。在2007年初，我和世界汽车制造业新贵、丰田汽车集团总裁丰田章一郎(Shoichiro Toyoda)共进午餐。我们第一次相见，是2005年在名古屋附近的世博会上，他是世博会名誉主席，而我是世博会环境顾问。在午餐的时候，我劝他考虑开发油电双动力的插入式普瑞斯的好处。我指出，美国的风能几乎用之不尽，足以支撑美国的经

---

* 参见《饥饿的地球村——新食物短缺地缘政治学》，莱斯特·R·布朗著，林自新等译，上海科技教育出版社，2012年。——译者

济运行，包括为数量再多几倍的汽车大军提供动力。我们可以利用风能产生的电力为所有的汽车提供动力，相当于每加仑汽油 80 美分。

在后来与丰田章一郎的信件往来中，我一再强调这一点。我们双方的交流是心平气和的，但是他确实很认真，在 2007 年的一封信中，他以“看我们的吧！”作为结束语。插入式普瑞斯 2011 年在美国通过市场测试，2012 年春在美国上市。

在 2010 年 5 月，名古屋大学组织了一次系统思维方面的下午辩论会。在辩论会的专家组上，丰田汽车集团执行副总裁内山田武(Takeshi Uchiyamada)和我在一起，他谈到了普瑞斯的开发。1993 年，丰田管理部门指定内山田武和他的工程师小组设计一种 21 世纪的汽车，直到写出说明书。他们在设计之初就决定汽车为混合动力型，既有内燃机，又有电动机。

这个实验产品就是普瑞斯。第三代普瑞斯于 2010 年上市，用一加仑汽油可以行驶 80 千米。这是汽车工程的一项突出成就，为世界企业树立了一个标准。内山田武是我们的一位英雄。

像摩根公司和汇丰银行这样的大投资银行也对“B 模式”产生了兴趣。这导致许多投资研讨会都邀请我去作报告。荷兰 21 世纪公司(一家专注于可持续的和负责任的投资战略的投资管理咨询公司)总裁德贝格(Marcel de Berg)读了《B 模式 3.0》后，2009 年决定，必须有以 B 模式目标为指导的投资规划。在备受尊敬的世界银行前执行副总裁威杰菲尔(Herman Wijffels)的大力支持下，经过一年多的磋商(我参加了多次)，荷兰三大金融机构——荷兰合作银行、荷宝集团和一家医务人员养老基金——于 2011 年共同创办了一个 B 模式投资机构，三家总资产近 1 万亿美元。他们正在计划为建立 B 模式经济进行巨额投资，使荷兰成为这方面的第一个国家。

2011 年秋，我与这些企业会谈之后，便飞往苏黎世，在那里，我应邀同可持续资产管理团队讨论类似的、适合于瑞士的模式。他们已经在正确的方向上采取了行动，正如他们团队所用的名称暗示的

开辟新天地——布朗自传

那样。

越来越多的人已经认识到必须严肃对待气候变化问题。最近突然暴发的极端天气事件便是一种警告。在 2011 年，从 3 月末龙卷风极端活跃季开始，紧接着便是密西西比河流域发生巨大洪灾，然后是高温、干旱，以及失去控制的得克萨斯州森林火灾，再接着又是“艾琳”飓风和热带风暴“李”，我们发现新闻频道变成了天气频道。持续数周的龙卷风的破坏范围包括阿拉巴马州的塔斯卡卢萨和密苏里州的乔普林，“艾琳”飓风也同样为害数周，对东海岸造成了破坏。在飓风发生一周之后，许多地方的电力供应都还得不到恢复。那年秋天，东北部 10 月底便出现了惊人的雪暴，纽约树上的树叶还没掉光，积雪便有 25 厘米深了。折断的树木使数百万人的电力供应中断，有些地方断电持续了两周。

随后是 2012 年的大旱。美国的玉米作物枯萎，减产 29%，导致各地食物价格上涨。密西西比河部分河段断流，航运停止。成千上万的牧民因为缺乏草料只得清理他们的畜群。农业部长祈祷下雨，无奈老天就是不理。

甚至连美国的中部地区也遭到干旱袭击，2012 年 10 月末，超级风暴“桑迪”到达美国东部。它并不是特别猛烈的飓风，但体积庞大，跨度达 1600 千米。它不像一般风暴是从加勒比海进入美国东海岸后就向东北移动，而是突然向左转，风暴中心穿过新泽西州进入内部腹地。

风暴潮、大风加上暴雨从弗吉利亚州跨过新泽西州和纽约进入罗德岛，使美国中部濒大西洋诸州遭受巨大灾害。曼哈顿南端部分地区的积水深达数英尺，创下历史纪录。海水灌入纽约地铁通道中，导致地铁系统一度关闭。虽然最后的数据尚未公布，但是，目前看来“桑迪”是在美国历史上造成最大损失的一次风暴，似乎超过了 2005 年飓风“卡特琳娜”对新奥尔良的破坏。

正如日本的福岛核反应堆事件改变了核能的未来一样，更多极端气象事件将改变我们对化石燃料使用的看法。美国这个世界最大的经济体的二氧化碳排放量正在迅速下降。我们对气候问题的讨论可能即将达到一个“引爆点”，正如几十年前我们对吸烟的态度。

2011 年，德国来自可再生资源的电力超过 20%，2012 年大约是 23%。目前有 80 多个国家的风力发电达到商业规模。世界各地的太阳能发电成本都在迅速下降。全世界的城市都开辟了自行车道，推广自行车共享计划，以鼓励骑车取代驾驶汽车。这方面我们正在进步！

如同我在早年和在以前的职位上那样，我仍然享受着与历史相交的乐趣。一次是在 2010 年，世界鲸研究权威佩恩(Roger Payne)给我来电话。他正打算进城并想安排一次午餐。而我也正急于安排和他见面。在 20 世纪 60 年代后期，佩恩和麦克维伊发现并描绘了座头鲸交配时冗长而又繁复的歌声，作为《科学》杂志的封面文章刊发。

大约一周后，他给我回电话，说他还想同打算去华盛顿的玛娅·林(Maya Lin)共进午餐，但玛娅·林只有他与我计划共进午餐的那天有空。他想知道是否可以我们三人一起用餐。我说当然可以。因为这是难得的能够与两位景仰已久的人士共进午餐的机会。

在午餐时，我问玛娅，“越南战争纪念碑”碑址你只去过一次，而构思这个雕塑花了你多长时间？她说只用了三四个小时。那几乎是一蹴而就的一件事。然后她将脑海中最初浮现的图像，转化成了获奖设计。参加竞赛的设计作品有 1442 件，全部不署名而只有标号。我后来得知，玛娅推断，如果人们知道她是亚裔、女性而且是个学生(耶鲁大学)，她不可能获胜。

像我这种已经等待很久的人往往是遇不上什么新鲜经历的，但是机会终于来了。2012 年 3 月，我收到一封附有 50 万美元支票的手写的信。这封信是 90 岁的退休空军上校英沃森(Henry Ingwersen)寄来的。他像我们一样关心文明的未来。他说，他不知道世界能不能得救，但是如果有人能拯救地球，他想会是我们。他给我们送来了他一生的积蓄。

另一次毕生仅有的经历是，2012 年 10 月，丽雅·贾尼斯把一本世界语版的《B 模式 3.0》放在我的桌上。对我们当中的年轻人而言，世界语是人们设计出来希望在全世界通行的语言文字。可是，虽然曾经一度推广世界语，但还是英语成了通用语言，把世界联系在一起。

我很吃惊，因为我已经忘了我们曾经与贝托（Robin Beteau）签过出版世界语版的合同。虽然我出版过 40 多种语言的版本，巴斯克语也许是我们已经出版过的语种中，最富有异国情调的一种语言。但是，世界语，又有谁想过呢？

12 年前我已到退休年龄才开始创办地球政策研究所，现在回顾起来，这显然是个正确的决定。我卸下了一个大机构的管理责任，而在地球政策研究所有如此能干的支持团队，使得这段时光成为我在华盛顿的半个世纪中最富有成效和最为满意的时光。当然，我还有事没干完呢。

第十二章

与世界的接触

在我的事业生涯中，我曾经面临两个巨大的挑战。其一是B模式的构建。再就是不断努力说服世界接受它。

正如前几章所指出的，使文明摆脱从衰落到崩溃的轨道，需要全球的总动员，就像美国在第二次世界大战中的战时动员那样。在1942年，美国全面重组了自己的工业经济，从生产汽车转为生产飞机和坦克。这种转变没用几十年也没用几年，只用了几个月的时间。如今，如果我们要稳定气候，也必须以这样的紧迫感来重组世界能源经济。

我们促使世界接受B模式或者与其非常类似的其他模式的努力，在《B模式》一书出版的同时就开始了。就像前面提到的，这是因为书籍出版是信息经济中唯一具有完备翻译能力的部分。我们的出版网络中枢是纽约的诺顿出版社。我和诺顿的出版关系始于1974年，这一年他们出版了《为了人类利益》，这是在布加勒斯特召开的世界人

开辟新天地——布朗自传

口大会的背景书籍。自那以后，他们出版了我的49种书的英语版，其中包括我或者我和别人合作的17本《世界状况》报告。诺顿在美国的书店和学校都有很好的发行渠道，对我来说是个理想的出版商——真是天作之合。

我跟诺顿出版社的协议是：他们负责出版我们送交给他们的所有东西，我们的所有研究成果都交给他们出版。我们的联系人彻丽是诺顿的副总裁兼高级编辑。和她合作可真是件乐事。

我们在全球的图书出版网络，是一个一个出版商建立起来的，是我们成功的基础。这个网络花了很多年才建立起来。所有这一切开始于1963年的《人类、土地和粮食》的法语版和西班牙语版的发行。从那时开始，我们逐渐拥有了目前能用约43种语言出版发行的能力。

与我们长期合作的一个伙伴是英国首家环境书籍出版商地球瞭望出版社。联系人乔纳森·辛克莱·威尔逊(Jonathan Sinclair Wilson)还负责我们的图书在英联邦国家的发行。我和乔纳森合作的书超过30种。

我们意大利语版图书的出版，早在35年前就开始了。在1978年，一位年轻的意大利环境学者博洛尼亚(Gianfranco Bologna)翻译了《第二十九天》，随后还安排了出版。于是，我们每完成一种书就送他一本，他就负责寻找出版社，多年来一直是意大利环境出版社。我们非常感谢博洛尼亚，他现在是世界野生动物基金会在意大利的科学主管，我的31种书已被译成了意大利语。

与中国的出版关系也是存续已久的。1981年，我第一次遇上林自新的时候，他是中国科学技术信息研究所的所长，那是一个政府机构，负责收集各国的科学文献，并且从中选择需要翻译成中文的文献资料推荐给科学家、学者和党政领导。

林自新由此了解了世界观察研究所，并且出版了中文版的1984年度《世界状况》，也就是这个年刊的第一本。他的儿子林卫，美国北达科他州立大学的土木工程系教授，经常充当我们联系的桥梁。林先生(我这样称呼他)和我，虽然政治、文化背景不同，但是，对于地球正在发生什么以及需要怎样去补救的许多共识把我们连在了一起。我把他看作我的中国兄弟。我的著作大约有29本有中文版，包括拖后一段时间才出版的《谁将供应中国粮食？》。

在日本，1984年度《世界状况》首先由一家农业出版社出版，编辑佐胁小田(Soki Oda)确信该书必须出日语版。由于很受欢迎，结果他承担了我们图书在日本出版的任务，并且组织了非常成功的图书首发式。由于经常在日本电视上露面，我被日本广播协会邀请主持一部温和的环境纪录片《向未来航行》(*Voyage to the Future*)。非常感谢佐胁，是他帮助我在日本出版了45种书，仅次于英语版的数目。

枝广淳子(Junko Edahiro)最初是我的口译和著作译者，是又一个对我与日本交流给予极大帮助的人。枝广淳子以一种与生俱来的能力创办了她自己的民间组织“可持续的日本”，以及一个关于在政策和计划制订中如何使用系统思维的咨询公司。她还写了几本书，包括《如果你凌晨两点起床任何事情都有可能》(*Anything Is Possible if You Wake Up at 2 A.M.*)。在2004年，她被《日经职业妇女》(*Nikkei Career Women*)杂志选为“日本最成功的职业妇女”。

同时，1989年，在挪威援助机构工作的诺德豪格从世界的另一个角落到华盛顿来看望我，表示了对以北欧语言文字出版《世界状况》的兴趣。他与埃克森公司挪威和北海分公司前副总裁达勒和挪威记者格拉维尔合作成立了北欧世界观察(Worldwatch Norden)，在挪威、瑞典、芬兰和丹麦翻译出版《世界状况》报告。从1990年开始，每年1月底，我都要和诺德豪格一道，为推出北欧版的《世界状况》忙活一周。诺德豪格的贡献卓著，他不仅能在这些国家安排出版，而且是在美国版出版后的一个月内，就完成翻译并且出版发行。

1987年，与罗马尼亚技术出版社有联系的伊利埃斯库(Ion Iliescu)和我联系，说他有兴趣翻译《世界状况》。他为第一本罗马尼亚语版写了一篇长达23页的序言，将全球性问题与罗马尼亚的情况

开辟新天地——布朗自传

联系起来进行论述。

在 1989 年圣诞节周独裁者齐奥塞斯库(Nicolae Ceaușescu)被罢黜之后，伊利埃斯库成为建立新的民主制度的领袖。两年后，他成为罗马尼亚首任民选总统，担任了两届，每届任期 4 年。伊利埃斯库总统一直为我的每一本罗马尼亚语版著作撰写前言。在退出政界之后，每次新书的首发式他都亲自组织。当我不能到罗马尼亚参加首发式时，他就来推广发行这些书，就像它们是他自己的书一样。我们共同关注许多事情并进行了 25 年的合作，由此建立了深厚的友谊。

在伊利埃斯库和我接触后不久，我收到一位伊朗医生哈米德 · 塔拉瓦蒂(Hamid Taravati)的来信。 他从德黑兰大学附近的书店买了一本英语版的 1989 年度《世界状况》，马上就被书中的分析吸引住了，当天就着手翻译。鉴于本国和世界面临着广泛的环境挑战，他早就不满足于单纯行医了。他希望做更多的事情。

他向我们申请波斯语的版权，我们欣然同意。哈米德和也是医生的妻子法尔扎内 · 巴哈尔(Farzaneh Bahar)努力翻译并在伊朗出版了我们的书。在伊朗，一个政府部门单独购买 500 本、700 本，甚至 1000 本波斯语版的书籍都是很寻常的事。在这个独立研究机构很罕见的国家里，我的书有很高的价值，特别是在政府部门和各所大学。

《人满为患》(*Full House*)和《生态经济》两本书都在伊朗获得了文学奖。前者来自文化部，后者来自叫做佩卡协会的伊朗出版界联合会。两项奖励表明了哈米德和法尔扎内的翻译水平。具有讽刺意味的是，虽然美国和伊朗没有建立外交关系，但华盛顿智库中一个小小机构的出版物居然成为伊朗人全球环境信息的重要来源。

同时，20 世纪 80 年代在韩国，一个即将成为我们出版联系人的年轻人被捕入狱长达 6 年。当时的韩国民主运动领袖崔率的目标是推翻朴正熙，取代他成为民主选举的总统。

在狱中，崔率读了许多书，其中就有一本是我的书。他发誓，如果民主运动成功，他将把精力转向拯救环境。这导致韩国环境运动联盟的成立。这个在亚洲最有成效的环境保护组织，有85 000名会员和47个地方分支组织，目前我们写的书的韩语版都是由其安排。由于他的惊人的工作，崔率获得了1995年的戈德曼环境奖。

在土耳其，地球政策研究所的合作者是一个致力于植树造林和水土保持的民间组织，它的英文首字母缩写为“TEMA”。该组织的两位奠基人是非常成功的企业家格克伊伊特（Nihat Gökyiğit）和十分著名的学者卡拉贾（Hayrettin Karaca）。除了在土耳其发起大规模的植树活动，他们还看到了发行我们书籍的价值。2008年，在一次图书巡回推广活动中，当来到伊斯坦布尔和安卡拉时，我访问了伊斯坦布尔的TEMA办公室。他们请我在TEMA图书馆馆藏的我的16本土耳其语版书籍上签名。

我们的许多国际出版关系已有二三十年的历史，同时也建立了一些新的很有前途的关系。比如，瑞典的两位大学教授拉尔斯·阿姆斯特朗（Lars Almström）和多丽丝·阿姆斯特朗（Doris Almström）夫妇，要求允许他们翻译《B模式2.0》并将译文上线。我们同意了。在翻译后面的《B模式3.0》的时候，他们找到了出版社，并且在斯德哥尔摩组织了一流的首发式。他们两位提前退休后，集中精力在瑞典推广B模式。现在他们已经在瑞典出版了4本我们的书并积极致力于推行B模式。最近多丽丝的成就还为她赢得了两项环境奖。

2006年，我们收到法国著名天体物理学家、格勒诺布尔天文台天体物理实验室主任皮埃尔-伊夫·隆加雷蒂（Pierre-Yves Longaretti）的信，他认为他在天体物理学方面的研究无论多么前沿，都不足以应对地球未来面临的迫在眉睫的威胁。当他在美国加利福尼亚州参加一个天体物理学会议时看到《B模式2.0》后，便在获得我们许可后把它译成法语在法国出版了。皮埃尔-伊夫利用晚上、周末和假期的时间亲自翻译此书。他的好友、同样担心地球未来的菲利普·维埃耶（Philippe Vieille）则对他的译作进行编辑。《B模式2.0》法语版于2007年11月，由法国著名的卡尔曼-莱维出版社和维埃耶的出版社

"苏夫莱书苑"(Souffle Court Éditions)联合出版。

皮埃尔-伊夫和菲利普创办了一个名叫"新行星"的非营利组织,在法国推行B模式。他们和利希洁街出版社合作在法国出版了《崩溃边缘的世界》,他们还出版了《饥饿的地球村》。

有时,在书籍市场小的地方,我们把版权授予译者个人,由他把译文的电子版放在自己的网页上或者我们的网页上。例如,匈牙利教师比罗(David Biro)从《B模式3.0》开始,就坚持不懈地翻译我们的书。目前他正全力以赴翻译《饥饿的地球村》。在希腊,丰图利斯(Makis Fountoulis)靠赞助出版了《崩溃边缘的世界》。他正试图采用同样的方法出版《饥饿的地球村》。

在拉丁美洲,我们和哥伦比亚可持续发展研究中心的希尔韦托·林孔(Gilberto Rincon)密切合作。他已经安排出版我最近的5种书的西班牙语版,包括《饥饿的地球村》。希尔韦托还利用新书发布的机会组织大型的国际会议。

以这些书为蓝本编制的纪录片,为书籍的翻译和发行起到了推动作用。例如,在第八章中提到的,受《世界状况》早期版本的启发拍摄的10集系列片《紧急拯救地球》,于1990年秋由美国公共广播公司在全美播出,随后在其他国家播放。1999年,日本广播协会、美国有线电视新闻网(CNN)和欧洲电视网络集团联合制作了6集系列片《世界状况》,于2000年播出。2003年,日本广播协会播出了上下两集共两小时的节目《向未来航行》,上文已经提到。 后一个小时时段是由我主持的,题为"莱斯特·布朗的生态课程"(*Eco-Lessons with Lester Brown*)。2008年12月,日本广播协会将采访我的全部内容制作成90分钟的节目《拯救未来》(*Save the Future*),在2009年元旦播出。

最新影片《B模式——动员起来拯救文明》(*Plan B: Mobilizing to Save Civilization*)由戴蒙(Matt Damon)担任旁白,被编入美国公共广播公司系列节目《去地球旅行》(*Journey to Planet Earth*)。这部片子

是由玛丽莲·韦纳(Marilyn Weiner)和哈尔·韦纳(Hal Weiner)荣誉出品，并且于2011年3月由美国公共广播公司首次在全美播出。根据华莱士遗产基金会的默里(Joan Murray)的建议，玛丽莲和哈尔陪同我进行2008年图书巡回推广，为日语、韩语、中文、印地语、土耳其语、意大利语版的《B模式2.0》举行首发式。他们拍摄的我和新闻媒体以及政治领导人的各种交流照片，给影片增添了强烈的全球气氛。该影片除了在美国公共电视网多次播放外，目前正在其他国家的网络上播放。

还有一个由许多人组成的销售网通过个体方式销售我们的书籍。在我们开始出版《B模式》系列书籍时，我们从销售数据中发现，有的人买了好多本书分送给朋友、同事或者舆论领袖。我们决定把购买5本以上《B模式》的人组织起来，称之为“B模式团队”。现在已经把这个团队扩大到包括新近出版的书籍，如《崩溃边缘的世界》、《饥饿的地球村》。

在2013年，这个团队的成员超过了4000人。我们指定特德·特纳为B模式团队队长，因为每种书他都要分送大约4500册给世界各国的领导人，包括美国国会议员、欧洲议会成员、州长、大学校长、财富500强总裁、国家元首、内阁大臣、重要民间环境组织负责人，以及世界上约500位其他亿万富翁中的大部分人。特德不仅赠送这些书，他还给每个受赠者写信，基本内容是说，我读了这本书，它很重要，你也应该读一读。

我不知道有谁比特德更致力于拯救环境。他不仅给人以忠告，还付诸实践。拯救环境渗透到他做的每件事中。他在美国购置了80万公顷土地，其中绝大部分是草场，这使他成为全美土地拥有量最多的人。他所拥有的15个大牧场遍及科罗拉多州、堪萨斯州、蒙大拿州、内布拉斯加州、新墨西哥州、俄克拉何马州和南达科他州，他让这些牧场的土地都恢复到自然状态。目前，他的牧场总共放牧北美野牛55 000多头——没有围栏，也没有圈房。特德自豪地说，土壤的有机

开辟新天地——布朗自传

质显著增加，并且固化了大量的二氧化碳。我的伙伴欣克尔（Maureen Kuwano Hinkle）和我参观了他的一个牧场，这次体验令人振奋。

特纳分发赠送著作的模式，在日本得到采用，黑泽明（Kurosawa）两兄弟俊茂（Toshishige）和昌次（Masatsugu）把数千册书分送给日本的舆论领袖，包括国会成员和公司总裁。在土耳其，TEMA 把土耳其语版的 4250 册《B 模式 3.0》分送给政治领袖和舆论领袖。

全球出版网络的建立使我们受益匪浅。该网络和其他网络不同。除了用所有主要语言文字出版之外，我们还不时通过小语种传播，如巴斯克语、格鲁吉亚语和爱沙尼亚语。有如此众多的人士致力于改变世界，使我们地球政策研究所的人员大受鼓舞。我们不能让它减速。

由于有成百上千的译者、编辑和出版者共同努力，我的书籍的各种语言版本，大约有 658 种。在主要依靠文字向大量读者传播的同时，对于重要决策者集中的群体要依靠演讲，到政治领导人、企业总裁、投资银行家、专业人员社团和其他人士的会议上去演讲。为了说服大众——我们必须重新构建世界经济，使世界回到可持续发展的轨道——我在过去的半个多世纪中，在 47 个国家作了 1863 场演讲。有时在一次国际旅行中只在首都停留，比如在伦敦，那是英国报纸和其他媒体集中的地方。在法国，巴黎是关键。在意大利就得包括罗马、都灵和米兰。在中国，如同美国有政治和金融两个中心，北京和上海是主要城市。在日本，通常是去东京。

新闻发布会有助于开拓与媒体的接触；会见个别记者则有利于建立和加强与媒体的关系。多年来，我和记者共进午餐、早餐和晚餐差不多有数千次。

没有多少成就能比完全征服观众更令人心满意足的了。这就是为什么演员要表演，歌唱家要演唱。这也就是为什么我要演讲。威克斯（Linton Weeks）几年前在《华盛顿邮报》评论我时描述道，我在华盛顿沃德曼公园万豪酒店的一次大约 700 位防务合同者聚会上演讲时，听众安静得“你能够听见冰融化的声音”。

欧洲议会的前德国绿党成员弗兰克·施瓦尔巴-霍特，每年总会邀请我在布鲁塞尔议会作一次向大众开放的演讲。他组织得十分出色，参加者要事先注册，以免报告厅过分拥挤。最近我演讲的对象，包括在赫尔辛基召开的欧洲绿党年会，在曼谷召开的关于人口与发展的国际议员会议，以及在北京召开的中国政协21世纪论坛。

向企业家和金融界首脑施加影响是至关重要的，比如那些每年年初在达沃斯举行的世界经济论坛和每三年举行一次的世界能源大会的与会者。我曾作过演讲的投资团体，包括如纽约的摩根公司和伦敦的汇丰银行。还有一些公开演讲是著名公司为了宣传自己的服务能力而组织的，如在东京的可口可乐演讲，在谷歌总部加利福尼亚州芒廷维尤的谷歌系列演讲。

除了企业界之外，专业协会在我的演讲日程表中占很大分量。这包括在诸如此类的会议上所作的演讲：在波哥大召开的环境法国际会议，在多伦多召开的灾害管理世界会议，在米兰召开的食物与营养国际论坛。还有从美国贵格会年会到美国拉比中央大会的宗教团体。

我在16个国家153所高等院校所作的262次演讲，有助于我接触到更多的潜在观众。我去演讲次数最多的三所大学是哈佛大学(13次)、哥伦比亚大学(10次)、东京大学(9次)。越来越多的大学开始举办年度环境演讲会，努力给予这个问题应有的关注。我有幸被众多大学邀请，作为这些系列的开讲人，包括加州大学伯克利分校、牛津大学和最近去的马里兰大学。

除了在校内举办现场演讲之外，许多学校，如科罗拉多大学，还在视频网站YouTube上播放演讲视频。我的演讲偶尔还会在美国有线电视网C-SPAN上播放，比如我在芝加哥大学的一次演讲。

YouTube为更多的观众提供了收看演讲的机会。在写这本书的时候，在YouTube上可以看到我在从巴西到瑞典等国的大约60次演讲和采访的片断。有趣的是，每个演讲到场的观众一般是数以百计，而YouTube上的观众却是数以千计。例如，我在加州大学伯克利分校的

开辟新天地——布朗自传

著名演讲系列的一次演讲，YouTube 上的点播竟然达到 14 146 次。在墨西哥城的一次演讲，观众近 1000 人，而网上观众点播达到 39 313 次。这些通过互联网取得的效益增值，大大地扩大了我们研究成果的传播。

除了新闻发布会，最有效的传播方法是通过记者的单独采访。我没有对记者访谈的次数加以统计。但是，如果我作过的演讲都已有 1800 次，记者访谈总得有几千次了。在一次图书国际巡回推广活动中，每天的日程中通常有 8 到 10 次记者采访。这固然很费时间，但是，记者却能针对他们的读者、听众或观众的特殊兴趣进行采访报道。

许多采访是新闻发布会的延伸，那是个别记者希望跟踪更特殊更具体的问题。偶尔，出版方会安排我到达时在机场举行记者招待会，比如不久前在伊斯坦布尔。有时，某个记者会和我乘同一辆车去机场，把采访挤进已经排满的日程中，最近在东京就是这么安排的。

传统的把人们集中到一起的记者招待会，比如我在世界观察研究所举办的行之有效的记者午餐会，在一些国家已被媒体电话会议所取代。我通常先讲 15 到 30 分钟，然后回答记者提问大约半小时。

我演讲和访谈的主题非常广泛，但是人口问题总是一再出现。早在 20 世纪五六十年代，老一辈人口学家都着重分析人口增长与地球资源的关系，但是随着时间的推移，人口学的研究转向人口学的理论细节。随着人口学转向，媒体转向自然科学家，听取他们评估人口增长及其对资源需求、对环境或者粮食安全的影响。生物学家保罗·埃尔利希(Paul Ehrlich)和我在人口增长所蕴含的广泛影响这个焦点问题上，始终处于中心位置。保罗在 1968 年出版的《人口炸弹》(*The Population Bomb*)一书产生的效应，本身就像一枚炸弹。他有出众的表达能力，是位杰出的采访对象。我对人口问题的论述，可以追溯到 1963 年出版的《人类、土地和粮食》。对于我来说，不结合人口增长的影响，就不可能撰写关于粮食、水或气候变化的问题。在世界人口于2011年10月达到70亿的时候，媒体转向保罗和我，听取我们俩的评论。这不奇怪，因为我们俩对人口问题已经跟踪了半个世纪，并且在我们的有生之年目睹世界人口增加了两倍。

如今，当我在某个国际会议上发表演讲之后，总会有几个人上来说这样的话，“谢谢你的工作。我已经读你的书多年了。”或者，“从第一本《世界状况》开始，我一直在读你的作品。”

例如，在2008年5月，我和《时代》（*Time*）杂志记者福克斯(Justin Fox)约定在纽约中央火车站的牡蛎餐馆共进午餐，但是，当我沿第42街往东走时，我拿不准该走哪一个入口才能到达这家餐馆。我向一个过路人问路，他说他想是下一个。当我们走到下一个入口时，他说：“让我指给你看牡蛎餐馆在什么地方。”当我们能看得见餐馆的时候，他开始脱去外衣。他这样做的时候，我向他表示感谢，还把我的名片递给他。他停下来，盯着它，然后抬头看着我，说：“我已经读你的书100年了！”原来他是彼得斯(Alexander Peters)，一位著名的纽约房地产商。在他的日常工作之外，他还是长岛环境保护投票人联盟的理事，难怪他已经读我的书“100年”了。

开辟新天地——布朗自传

第十三章

生命回旋曲

我们是我们时代的产物。我是自耕农的儿子，出生于经济大萧条时期，在上学前就开始干活。更概括地说，我自己的工作，即我半个多世纪的生活，深受这样一个认识的影响，即正是我们这一代人使世界走上了一条环境不可持续的经济发展道路，一条走向衰落和崩溃的道路。扭转这一进程的挑战影响了我的一生。

虽然我生长于远非富裕的家庭，但它却十分稳定。在这样的环境里，期望是不高的。如果你的父母连小学都没毕业，也从未到过外地，他们是不会督促你学习的。缺乏很高期望造就了一个毫无压力的奇妙环境，使我可以设立自己的目标。

年轻时沉浸于阅读历史人物的传记，使我与那些努力尝试并达到了似乎不可能达到的目标的人物产生共鸣。这些传记人物是他们时代伟大问题的回响。对伽利略而言，那是证明了地球绕着太阳转，而不是太阳绕着地球转。对于开国元勋，那是争取独立并且缔造一个拥有民主制度的新国家。

虽然在 20 世纪 50 年代，我已经和弟弟卡尔经营起一个有前途的农场，但在 1958 年夏，我转向了人类面临的一些更大的问题。我 22 岁时在印度农村生活的那段经历，无疑使我这方面的兴趣得以增强。它也有助于解释我早期对世界人口增长、土壤流失和饥饿问题的关注。一旦你理解了土壤流失对农业可持续性的影响，只要再跨一小步，你就会明白环境趋势是怎样在更大的程度上对全球经济以及文明本身的可持续性造成威胁的。

回顾过去，我显然从强大的公共教育系统和具有无与伦比的社会流动性的社会中获益。可是，还有谁会作为家中第一个能够小学毕业的人，后来竟获得了一大堆荣誉学位？

回顾往事，我认识到在生活的每一个阶段我都能塑造自己。在小学的时候，我最大的兴趣是学习，我学到的东西比课堂作业多得多。学习，也就是读书。

我在上高中时开始的西红柿种植也是一种学习经历，我还体验到那有助于强健体魄。更具体地说，我学会了怎样去贷款、招募工人、管理，以及有效地使用时间。

当我进入美国农业部外国农业局的时候，我的工作要求我关注的是水稻生产国，可我的真正兴趣是世界。我希望了解世界农业，并且没有人比我更了解世界农业。想法继续膨胀的压力，有助于我发现自己的能力。

在农场长大而且种了 8 年地的我，是用农民的眼光看世界的。对农民而言，系统思维是很自然的事，因为他要面对许多问题。作为一个农民，你得了解自然及其相关的农业复杂性。例如，在满月的时候，西红柿成熟得快，比起没有月光的时候，需要更多的装西红柿的篮子和采摘机。你要注意日常天气。对于西红柿来说，要知道高温和高湿相结合会加快西红柿的枯萎，对马铃薯来说也是如此。这是导致

开辟新天地——布朗自传

1845 年开始的爱尔兰大饥荒的主要原因之一，使爱尔兰的马铃薯和人口都大大减少。这还有助于阐明为什么目前美国有 3500 万爱尔兰后裔，以及为什么我的 DNA 有 1/4 是爱尔兰血统。

系统思维的吸引力，导致我选择走科学的道路。在罗格斯大学的农业科学系，我选了好几门科学课。例如，选了地质学、气象学和遗传学，这并不意味着我在这些学科有多深的造诣。但我懂得了一些基本概念和专业词汇，使我可以从更多不同的角度考虑问题，这对于我分析全球性的环境和粮食问题是很有价值的。

作为一名学生，我的成绩高于平均水平，但是，我从来没有想过读博士学位。对我而言，读学位并不是拓展知识面的途径。我最终在三个专业领域取得了三个学位——罗格斯大学的农业科学，马里兰大学的农业经济学和哈佛大学的公共管理学。

我并不拘泥于某个学科，而是可以用系统的方式分析世界面临的各大问题，包括气候变化、人口增长、粮食安全、能源转型和国家失能。这种方法有时能够使我比其他方式更容易观察事物。也就是说，在专业化盛行的世界里，更迫切需要跨学科地理解世界上最紧迫的问题。

采用这种跨学科方法，本身的回报就是获得正反馈。在 2010 年 4 月我被邀请参加一个小组，在国会山讨论和放映由卡梅隆(James Cameron)任编剧和导演的热门电影《阿凡达》(*Avatar*)。我先于小组到达接待处，卡梅隆走到我跟前说："我从你的书的护封照片认出了你。我正在读《B 模式 4.0》(*Plan B 4.0*)* 第四遍。"我大吃一惊。

参加小组讨论的还有专栏作家弗里德曼(Tom Friedman)、女演员韦弗(Sigourney Weaver)和微软全国广播公司(MSNBC)的斯卡伯勒(Joe Scarborough)，受过一些科学教育的卡梅隆在小组讨论时解释

* 参见《B 模式 4.0——起来，拯救文明》，莱斯特 · R · 布朗著，林自新等译，上海科技教育出版社，2010 年。——译者

说，他只是近些年才开始关注环境问题的。他发现自己虽然读了无数篇科学杂志文章和新闻报道，以便将一块块的信息拼成一个完整的大图像，但时间花了不少，还是满脑子糊涂。后来，一位朋友推荐他读《B模式4.0》。那正是卡梅隆所需要的。他现在能够弄清地球的生态系统以及它和全球经济、政治系统的关系这个大图像了。例如，他能够理解，气温的上升如何使谷物的产量下降，环境的破坏怎样导致国家失能。

虽然有许多人写过有关环境的书，但这些书都是一时之作，而不是不间断的系列作品。在这个背景下，我的书大致是一年一本，包括描述最近情况的《世界状况》报告，那是20世纪下半叶世界环境趋势和发展的历史。

环境趋势的官方跟踪报告的缺乏，与农业和卫生方面的报告形成了强烈的反差。在联合国成立初期，联合国的机构都有自己的年报。例如，联合国粮农组织每年出版《粮食和农业状况》(*The State of Food and Agriculture*)。世界卫生组织出版《世界卫生统计》(*World Health Statistics*)。与此类似，国际劳工组织出版世界劳动力状况年度报告。

联合国环境规划署(UNEP)直到1972年才成立。最早的负责人是斯特朗，按联合国的标准，它是个预算有限的小机构。直到1977年才开始偶尔出版一本《全球环境状况展望》(*Global Environment Outlook*)。这些报告信息丰富而且有用，可是在过去15年中只出了5本。

就个人来说，我为我的儿子和女儿的成就而倍感自豪。雪莉承担了抚养布赖恩和布伦达的大部分责任，最初是因为我在美国农业部工作，经常出差，后来是在我们离婚后，她是一个非凡的母亲。她对我帮助很大，无论是在离婚前还是在离婚之后。

在暑假期间，当布赖恩在博尔德的科罗拉多大学环境科学系学习的时候，他当过漂流旅行的导游，对皮划艇运动产生了强烈的兴趣。22岁时，他参加了在宾夕法尼亚州西部的约克盖尼河举行的皮划艇激流回旋比赛。3年之后，他成为美国皮划艇激流回旋队的队员。

开辟新天地——布朗自传

退出国际比赛多年后，布赖恩在落基山州销售皮艇和划艇。几年之后，他靠销售收入在科罗拉多州杜兰戈做起了房地产生意，那也是他目前的居住地。布赖恩乐于生活在边远的地方。他有 10 条“第一跑”河流——8 条在北美，2 条在南美，后 2 条源于玻利维亚高原并向东北流入亚马孙平原。在这些河流中，有一条下流经过极其崎岖的地带，他说，他觉得似乎进入了从未有人到过的地方。

在过去 5 年，布赖恩又转向了自然景色摄影。他的首次公开展览是在杜兰戈的一个画廊举办的，空间小得只有立足之地。在展览开始的前一天，他的 16 幅照片便卖出了 3 幅。用他的话说，他“试图捕捉事物的本质或情感氛围”。他写道：“我对拍摄过程常常如此投入，以至忘了呼吸，在我的注意点之外，世界不复存在。”2011 年 7 月，我们父子同游阿拉斯加，在迪纳利峰(美国阿拉斯加州中南部山脉，即麦金利山)拍摄了一张十分壮观的照片，现在挂在地球政策研究所的会议室中。

我能够为布赖恩和布伦达做的一件事，就是鼓励他们参加各种体育活动。在高中的时候，布伦达喜欢田径。可是，她们学校这一级的女生只有十几个人，没法组成女子田径队。一位特别关心她的数学老师帮她报名参加了地区和州的田径赛，甚至开车送她参加比赛，而我则担任远程教练。最令人激动的一场比赛是全州 13 所中学田径锦标赛，布伦达参加了 1 英里赛跑和 2 英里赛跑两个项目的比赛，结果在 13 个队的比赛中这两个项目她都进入了前 7 名。虽然，她最终一个项目都没有胜出，但她打败了 6 个队。我这个父亲感到很自豪!

布伦达在柯林斯堡的科罗拉多州立大学获得微生物学学士学位，随后又获得了兽医学博士学位。她这个兽医大大小小的动物都能医治。小动物诊所设在科罗拉多州格里利市。大动物的治疗覆盖了 64 千米的范围，从格里利北部到怀俄明的边界，这个区域人很少，可是有许多牛。

布伦达提倡动物针灸并在她的诊所经常使用针灸疗法。她也是用针灸疗法为人治病的认证医师。在就诊时她能够同时为牧民和他的牲畜治病。

她和丈夫克里斯·豪恩（Chris Haun）有3个孩子：布里奇特（Bridget）在怀俄明大学就读，莉娜（Lena）在波利高中上学，卡什（Cash）还在上幼儿园。克里斯是从事轻型建筑业务的，他们还共同拥有一个牧场。我发现布伦达很了不起，她有一个业务繁忙的诊所，是一个母亲，还有一个牧场。

我的儿子、女儿都住在科罗拉多州，我的弟弟和妹妹住在新泽西州，我通常把假期一分为二，暑假与布伦达一家、布赖恩和雪莉在阿斯彭待一周，往往我在那里要作一次演讲。而圣诞节的一周则在布伦达的牧场度过。

卡尔和他的夫人玛丽·卢在7月4日和感恩节总是召集布朗家的一大家子人举办野餐。我弟弟的家位于我们俩一起长大并共同拥有的农场边上。卡尔照管我们的农场，他的女儿达琳（Darlene）一家人现在住在那里。我们租赁了邻近农场的地种植大豆。

玛丽昂和她的丈夫鲍勃（原为法语教员）住在农场东边那片可爱的长达18千米的林带旁。玛丽昂像我一样一边读书一边干活，她毕业于马里兰大学，获得艺术史学士学位，然后在高中教艺术史。她和鲍勃在布里奇顿创办了“帆布袋”，销售艺术品和画框。他们隔壁还有一个小的艺术展室用来展出当地艺术家们的作品。由于鲍勃还是一个跑步爱好者，我们一起在我长大的地方跑过许多农村小路。我们还多次参加过樱花节10英里赛跑。

玛丽昂和鲍勃在我回访新泽西时总是款待我。玛丽昂理应获得一枚金质奖章，因为她在我们的父母晚年每天悉心照顾他们。她还是家庭聚会的组织者和家族系谱学家，她了解我们家的根底，那是我极感兴趣的事。

我的伙伴欣克尔从1972年到1999年是一位受到广泛尊敬的环境游说者。她的著名成就之一是倡议美国农业部环保休耕计划（CRP），使得1200多万公顷被严重侵蚀的田地退耕返草或者退耕返林。我们有很多共同的兴趣。她阅读的书也是我喜欢的，尤其是历史和传记方面的书籍。她乐于与我一起参加会议，特别是在达沃斯和阿斯彭这样的地方召开的会议。她不仅聪明而且善于烹饪，按照她的方式使我生活得很愉快。

我的个人生活总是力求简单和高效。首先我没有私家车。我住的公寓只有一间卧室，它在一座老公寓的顶层且朝北，可以俯瞰崖溪公园，还可眺望国家大教堂。在夏至那天，我能看到太阳在教堂的尖顶上升起。（我自己的巨石阵风景。）动物园离小溪不到800米，一早我便能听到狮子吼叫的声音。在安静的居民区街道上步行1600米去上班，既锻炼了身体，又提供了思考的时间，偶尔还有新想法闪现。在我的住处周围步行20分钟的范围内，有许多家好餐馆，几乎你能想得到的任何风味的饭食都有。

我的时间大部分用于阅读和写作，有一些是用于演讲和相应的旅行。任何人想成为系统性的全球分析家，都必须不断地阅读。我在办公室的阅读日是从上午7：30从喝咖啡时间开始，我迅速浏览《华盛顿邮报》、《纽约时报》、《华尔街日报》和《金融时报》。每天，我的同事都从报纸、杂志和互联网收集许多文章供我阅读。他们有时还把他们认为我应该读的书推荐给我。

我上午用于写作，一周7天。从技术上说，我既不书写也不打字，我只是口述。如果我要写一本书，我会花时间考虑大纲，并且从同事那里得到反馈，使心中的结构更加清晰。然后，同事们从不同角度为每一章提供资料。我阅读这些资料，并在信纸大小的无行白纸上写下批注。一旦这些工作完成，我就按批注进行口述。在下个阶段，我对口述草稿进行加工。然后，请同事们阅读并评论，给我精彩的反馈意见。

我的简单生活方式的安排是尽可能为研究和写作提供更多的空间。正如我的同事所熟知的，每天我都穿着同样的浅蓝牛津棉布衬衣——夏季短袖，冬季长袖，夏季配上深蓝短裤，冬季是海军蓝灯芯绒长裤。我没有花时间选择颜色。只是在需要的时候，别上个领结，那是在西装口袋里装着的。

我节约使用能源。尽管这幢1929年建的老式公寓在35年前翻新时安装了空调装置，但是，我还是宁愿打开窗户，并且使用安装在每个房间的吊扇。不然，我就听不到公园里鸟儿的歌唱声，也听不见夏日微风中瑟瑟的树叶声了。

无比幸运的是我的健康状况迄今为止都很好，在过去的半个世纪中，我没有请过病假。这也许是因为DNA遗传，也许是因为我如此地热爱自己的工作？我不知道。也许两者都是。

讲到体育锻炼，除了走路上班，我还跑步。65年前，当我还是个14岁的高二学生时，便开始了竞赛性的跑步，我不是我们高中学校最优秀的长跑者。经过56年的锻炼，我终于成为10英里赛跑的国家级选手，在70—74岁年龄段名列第四。在进入75—79岁年龄段的时候，我的排名上升到第三。以后是80岁和80岁以上的年龄段。大家瞧着吧！这是我"坚持就是胜利"的故事。

我的锻炼安排一般是一周有两个晚上各跑4英里，有时以跑上800级阶梯、一次两级作为结束，那是在伍德利公园到动物园的地铁自动扶梯上。跑步后回到公寓，迅速做一轮俯卧撑、引体向上和仰卧起坐。星期六，我在崖溪公园跑9—15英里长跑，视我选择的锻炼周期而定。跑步会产生一种健康的感觉。没有跑步来保持最少量的体育锻炼，我是不可能完成我的日程安排的。

大约从1965年至1990年的25年里，在每年从"五一"劳动节到11月11日阵亡战士纪念日之间的每个星期六，我都要参加"已过壮年"团队玩一次触身式橄榄球。把世界的问题放在一边，只关注一场球赛的胜利是极大的放松。如果我有时间，我就总会玩橄榄球。

除了维持生活所必需的积蓄，我没有积累更多财富的欲望。虽然我得到数百万美元的演讲费和奖金，但我通常都把这些收入投入了我的工作机构。

当年轻人，他们常常是一些大学生，向我请教就业建议时，我往往建议他们不要顺应教育体制的趋势，在接受更高阶的教育时变得更为专业化。相反，我督促他们要制定自己的教育日程，拓宽自己的知识面。这个世界上有很多专家，但我们现在迫切需要的是跨学科的、具有综合知识，并能对大问题进行全盘思考的人。

对学生的其他建议是：追求你的梦想，树立高标准并不断提高。不要害怕失败，失败是一种学习。要有远大梦想。歌德（Goethe）曾经总结说："要有远大的梦想，渺小的梦想撼动不了男人的心。"

我将留下什么遗产？沃克（Bryan Walker）在2011年给Celsius.com网站撰写的文章中如此描述我的作用："布朗深知人类文明的不稳定性，环境清算的不祥后果正在逼近。他耐心向人们解释并说明详情，启发读者的聪明才智，唤醒人性。他用实实在在的信息使解决方案的轮廓清晰，以便他们知道能如何做和为何这么做。无论理智和清晰度在权力殿堂的影响是否有实际意义，但布朗代表着一个有实质性思考的群体，这个群体的人认识到前方的危险，并希望政府动员起来避免这种危险发生。"

从内心讲，帮助建立可持续发展观是我最大的贡献。与此密切相关的是系统思考与分析并建立一种研究模式，这成为世界观察研究所和地球政策研究所的基础。

环境可持续发展的概念最初在我脑中呈现，是在20世纪60年代初，当时我正在写作《人类、土地和粮食》，研究预期的人口增长与地球的土地和水资源之间的关系。我开始认识到，人类对地球自然系统——包括森林、草场、渔场和耕地——的需求不断增长与资源的承载能力之间令人担忧的关系正在显现。但是，绝非只有我一个人才有这种想法，我早期写的书中有两本书，一本是1978年写的《第二十九天》，还有一本是1981年写的《建立可持续社会》（*Building a Sustainable Society*），它们有助于理解什么是可持续发展和如何实现可持续发展。

我对可持续发展的进一步思考逐渐演变成了B模式，该模式不仅描述了可持续社会，而且说明了如何创建这样的社会。和地球政策研究所的同事们一起研究B模式，一直是一项特别有意义的工作，这项工作融入了我的毕生研究成果。可喜的是，越来越多的政府正在认识到，“一切照旧”不再行得通了，他们需要采取B模式或其他类似的计划和措施。

我对自己的判断尺度并不在于写了多少书（虽然那是很值得去做的），或作过多少次演讲（虽然我很享受演讲的乐趣），而在于我们是否能够扭转危害未来的趋势。我们从化石燃料转向风能、太阳能和地热能是否快得足以避免气候变化的失控？我们植树造林、减少污染，并使世界人口稳定了吗？如果我们不能扭转衰落继而崩溃的趋势，我就不能说自己是成功的。

有很多带来希望的开创性工作。例如，美国这个世界最大的经济体正在急剧减少它的碳排放，关闭燃煤电厂，汽车的燃油效能越来越高。塞拉俱乐部的“超越煤炭运动”报道说，美国有1/4的燃煤电厂已经关闭或即将关闭。而他们的目标是关闭所有的燃煤电厂。

奥巴马政府已强制要求2010年至2025年间新汽车的燃油消耗量减少50%。石油消耗量在美国现在已经下降了，今后还会继续下降。

随着美国2012年夏天发生干旱和热浪使作物收成减少，2012年秋超级风暴“桑迪”肆虐新泽西州和纽约州，社会正认识到，需要采取行动应对气候变化。一旦社会达到“引爆点”，变化就会来得很快。

曾经有人问我计划什么时候退休。我没有这方面的打算，因为我很享受自己正在做的工作。还有许多趋势有待逆转。我的目标是，只要脑子和身体还行，我就要一直工作下去。如果我们能够扭转这些趋势，我们就可以使文明转上可持续发展的道路。还有什么能使我们更为满足的呢？

致　谢

我要感谢那些从小就给予我恩惠的人。感谢外公史密斯，他在我4岁时教我念书；感谢爸爸，他带我去杂货店参加围在饼干桶旁的聚会，在那里我学会了欣赏讲故事的艺术。

感谢弟弟卡尔，他虽然比我小3岁，却一直支持我少年时雄心勃勃的农业项目计划。如果没有霍夫迈尔推荐我参加国际农场青年交流项目，使我得以前往印度，我的生活很可能走的是一条非常不同的轨道。

在美国农业部门，我在这样一种环境下工作，即我能取得的成绩取决于我固有的个人能力。为此，我要感谢有卓越远见的室主任昆廷·韦斯特和各级上司——威廉·安德森、纳特·科夫斯基、罗伯逊(Joe Robertson)和约翰·施尼特克尔——直到奥维尔·弗里曼部长。

两个环境研究所的启动需要财政支持。感谢洛克菲勒兄弟基金会的威廉(比尔)·迪特尔，他给世界观察研究所提供了50万美元的启动资金，感谢罗杰·桑特和维基·桑特给地球政策研究所提供了同样的资助。

我永远感谢雪莉·威金。虽然我们的婚姻只维持了15年，她却一直了不起地支持了我半个世纪。

与以往一样，我感谢妹妹玛丽昂和她丈夫鲍勃，他们似乎乐于利用制造框架的业务和技能帮我装帧各种奖项和荣誉学位证书。他们还提供了强大的私人支持，每当我回到布里奇顿老家，我总有一个地方可待。鲍勃在许多方面就像是我的亲兄弟一样。

写自传完全非我所长，我依赖许多人审查各种草稿。提供有见地的反馈意见的杰出人士是欣克尔、丽雅·贾尼斯·考夫曼和拉森。还要感谢地球政策研究所的同事罗尼、亚当斯(Emily Adams)、莫勒(Hayley Moller)、拉斯马森(Sara Rasmussen)、辛普森(Julianne Simpson)、菲茨杰拉德(Brigid Fitzgerald)和米莉森特·约翰逊。帮助我润饰了手稿的朋友，还有本森(Miles Benson)、比尔·迪特尔、盖耶、戈德马克(Peter Goldmark)、格拉德沃尔(Judy Gradwohl)、哈拉、麦克维伊、里泽(Jim Risser)和斯克里亚宾(Raisa Scriabine)。

在过去的半个多世纪中，我从那些能力非凡的人那里得到了巨大的帮助。格雷夫利(Blondeen Gravely)从1965年起成了我的行政助理。我们在一起共事，度过了难忘的29个年头。我的第二个靠山是考夫曼，她1986年加入我的团队，现在既是我的得力助手又是地球政策研究所的副所长，还有我说不上来的其他许多头衔。她花了无数时间，在地下储藏室从过去半个世纪的布满灰尘的档案盒里挖掘出对写这本书有用的材料，并且常常记得我都想不起来的事情。我衷心地感谢她。

我感谢我们勤奋的研究队伍：拉森、罗尼和亚当斯，他们对照实际情况核实我的记忆；米莉森特·约翰逊做了老董事会和资助金报告的PDF文件，这使实情的查证更加容易；克里斯蒂娜·泰勒(Kristina

开辟新天地——布朗自传

Taylor)编制了我所有书籍和译本的对照目录；还有辛普森，她编制了我50多年的演讲目录。

永远感谢斯塔克，她两次编辑了最初的手稿。还要感谢彻丽，她是世界上最优秀的出版社之一诺顿出版社的副总裁兼高级编辑。她在本书成形的道路上的每一步指导都是无价的。还要感谢马盖拉斯(Anna Mageras)，她熟练地在各个阶段指导本书的写作。

用照片说明生活是一项繁重的任务。这一任务的完成多亏了考夫曼。她为了把我职业生涯的许多事情以数字化和硬拷贝的形式记录下来，寻寻觅觅，本书中的大部分照片都由她搜寻得来。感谢我的妹妹玛丽昂提供了书中的家庭照片。

一份特别的感谢给我50多年的朋友、我的伙伴欣克尔，本书书名来自她的建议，感谢她为本书做的许多许多事。

要提高全球对我们面临的挑战的意识，很大程度上有赖于出版界，他们把我的书译成了40多种语言。如果没有你们，我不可能拥有世界范围的读者群，动员数以百万计的人去为可持续发展的未来而工作。我永远感激你们为我们的共同目标所作的无私奉献。

最后，感谢你们读我的书。没有你们，一切都是枉然。

莱斯特·R·布朗其他部分著作

Full Planet, Empty Plates: The New Geopolitics of Food Scarcity

World on the Edge: How to Prevent Environmental and Economic Collapse

Plan B(series)

Outgrowing the Earth: The Food Security Challenge in an Age of Falling Water Tables and Rising Temperatures

The Earth Policy Reader(with Janet Larsen and Bernie Fischlowitz-Roberts)

Eco-Economy: Building an Economy for the Earth

State of the World, annual 1984—2000(project director and senior author)

Vital Signs: The Trends That Are Shaping Our Future, annual 1992—2000

Beyond Malthus: Nineteen Dimensions of the Population Challenge(with Gary Gardner and Brain Halweil)

Tough Choices: Facing the Challenge of Food Scarcity

Who Will Feed China? Wake-Up Call for a Small Planet

Full House: Reassessing the Earth's Population Carrying Capacity(with Hal Kane)

Saving the Planet(with Christopher Flavin and Sandra Postel)

Building a Sustainable Society

Running on Empty(with Colin Norman and Christopher Flavin)

The Twenty-Ninth Day

By Bread Alone(with Erik Eckholm)

In The Human Interest

World Without Borders

Man and His Environment: Food(with Gail Finsterbusch)

Seeds of Change

Increasing World Food Output

Man, Land and Food

开辟新天地——布朗自传

图书在版编目(CIP)数据

开辟新天地：布朗自传/(美)布朗(Brown，L. R.)著；林自新，胡晓梅，李康民译．—上海：上海科技教育出版社，2016.9
(世纪人文系列丛书．开放人文)
ISBN 978-7-5428-6134-4

Ⅰ．①开… Ⅱ．①莱… ②林…③胡…④李… Ⅲ．①布朗，L.R.—自传 Ⅳ．①K837.127

中国版本图书馆 CIP 数据核字(2016)第 185357 号

责任编辑 殷晓岚 王 波
装帧设计 陆智昌 朱赢椿 汤世梁

开辟新天地——布朗自传
［美］莱斯特·R·布朗 著
林自新 胡晓梅 李康民 译

出　版 世纪出版集团 上海科技教育出版社
(200235 上海冠生园路 393 号 www.ewen.co)
发　行 上海世纪出版集团发行中心
印　刷 上海商务联西印刷有限公司
开　本 635×965 mm 1/16
印　张 11
插　页 12
字　数 147 000
版　次 2016 年 9 月第 1 版
印　次 2016 年 9 月第 1 次印刷
ISBN 978-7-5428-6134-4/N·982
图　字 09-2014-639 号
定　价 35.00 元